JN096208

MINERVA
TEXT
LIBRARY
71

基本から学ぶ地域探究論

明石芳彦 著

ミネルヴァ書房

は じ め に

　人はどこかの地域に住んで生活し，仕事や勉学をし，家族や近隣の人や友人・知人との交流などさまざまな活動をしています。それぞれの人にとって日常的に活動しているのは地理的に一定範囲内のことが多いかもしれません。また，人には，生まれ育った地域，引越して過ごした地域，その他，気に入った地域があると思います。多くの人は出身地や居住地や日常的な活動地などを中心にいくつかの地域を知っているし，地域ごとのちょっとした特徴や印象の違いを感じているでしょう。

　地域活性化，地域資源，地域貢献など「地域」に関わる用語を聞く機会や話す機会も増えていますが，そもそも，地域という言葉をどのように理解することが望ましいでしょうか。1つひとつの地域の特徴や個性をみると，さまざまな地域があるとわかります。たとえば，自分が住む，または自分が関心をもつ地域の特徴や地域らしさを，誰かに説明できることは，日常のコミュニケーションの内容を充実させる上でも大切です。そうなるためにも，人口や面積など地域の規模だけでなく，地域の立地，地形，気候，歴史や文化，産業活動や暮らし方など，地域に関わる特徴を説明するための着眼点を知っておくことが望まれます。

　本書では，地域の現状を知り，地域の課題を理解し，そして，地域に対する自分の考え方をもつことができるための基本的なことがらを説明しています。地域での人々の生活や社会活動，経済活動，文化的活動・各種イベントなどを活力ある状態として持続できる条件とは何か，それぞれの地域がそうした条件をどれほど備えているか，また，地域が豊かで住みよい状態を保つための条件とそれにかかわる要因とは何かなどをさまざまな角度から説明し，着眼点を提供しています。

　地域のことを考えるというのは，そこに住む人の生活に関連することを考え

ることでもあります。よって，生活に関わる制度や施設・サービスなどについても説明しています。読者は，本書を通じて，地域に関わるさまざまな制度や実態を理解するための基本的な知識を多面的に学ぶことができます。地域に関わる概念や考え方や地域を特徴づける要因が何であるかを知り，地域の特徴が地域間でどれほど同じで，どの点がいかに違うか，また，地域間での違いを生み出す要因は何かなどを理解することができます。

目　次

第1章

地域をどのように捉えるか

　地域の特徴や個性をみると，いろんな地域があるとわかります。1つの地域の特徴や地域らしさを把握し，その内容を別の地域の特徴と比べて，その類似性や地域間の違いを理解し，誰かに説明できるようになることは，日常のコミュニケーションの内容を充実させる上でも大切です。そうなるためにも，人口や面積などでみた地域の規模だけでなく，地域の立地，地形，気候，歴史や文化，産業活動や暮らし方の特徴などを知っておくことが望まれます。

1　地域の定義

　地域という言葉の意味から説明していきます。

　地域とは，日常的な生活の面からいえば，人々の活動の基盤や拠点となり，人々が事情をよく知っている，または親しみをもつ特徴のある場所や地理的範囲のことです。また，地域の分布を示す地図をみた場合，行政の基本単位である市区町村（それを基礎自治体といいます）や都道府県など，周囲を線引きされた行政管轄空間やその領域の全体または一部を指すことが多いでしょう。この定義にそって，地域の具体名をあげると，東大阪市という市域や，東京都品川区や大阪市北区も1つの地域です。本書では，地域を「（面積や人口など）規模の大小と関係なく，地図上も実際上も線囲みできる地理的範囲」と定義します。それは主に，人の生活・暮らし・活動の範囲，居住地・活動地の単位として，ひとまとまりにして把握することができる空間的広がりを指します。

　その他，地域には多様な捉え方があると思います。たとえば，市外電話局番が同じ地区，郵便番号が類似した地区，住所など特定の名称をもつ集落や住宅

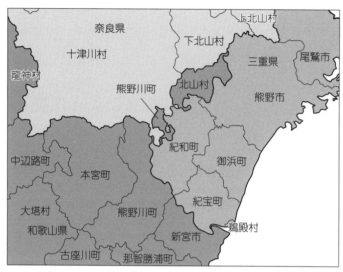

図 1-1　飛び地（和歌山県北山村，新宮市熊野川町）
出所）国土地理院地図に加筆。

地区などの（区切られた）空間を指すなどです。関心事次第では，大都市の区の中の一部地区（心斎橋，浅草，天神）も地域です。他地域や周辺地域と区別される共通の目安として，目に見える境界線は海，川，山の尾根，大通り，商店街などでしょうが，他地域との実際の境界線は，川や海や山などで明確な境界や隔たりがある場合とそうでない場合があります[1]。

　また，長い歴史の中では，行政の境も変化することがあります。たとえば，1871年の廃藩置県で，武蔵の国（藩）は現在の東京都と神奈川県に，摂津の国（藩）は大阪府と兵庫県に，それぞれ分割されました[2]。また，東京都の3つの多摩地区は1893年に神奈川県から東京都に移管されました。それとは別に，奈良県と三重県の行政区域の間には和歌山県北山村という「飛び地」があります。図1-1に地図を示した通り，それは行政区域が地理的連続性をもたない国内屈指の事例です。その他，静岡県伊豆半島の東の沖合にある大島が東京都に属することや，佐賀県と福岡県の西北に位置する対馬は長崎県に属することなど，島（島嶼）は所属県や県境の解釈に歴史的事情等が関係しています。

2　地域という言葉の多様な捉え方

　本書でいう地域とは，地図の上で線囲みできる（境界線を引く）地理的範囲
だと説明しました。そして，本書では，地域を，人が居住し，生活・活動する
１つひとつの場所を囲む空間領域と捉えています。地域をひとまとめにして見
るとき，山や川で区切られている地形や自然の集落，居住・生活地区ができて
いる場所など，さまざまな基準を考えることができます。具体的にいくつかの
形態を説明しましょう。

　第１に，地域を，市区町村（や都道府県）という地方自治体（地方公共団
体）の行政範囲を基準とする見方があります。北海道や四国の１つの市や村も，
東京都の１つの区も，いずれも１つの地域です。その他，都道府県内について，
たとえば県北・県南という区分や，鉄道駅名に表示されているように，摂津，
河内，武蔵，相模など昔の諸国名や藩名に基づく地域固有の呼び方や現在の複
数市町村を合わせた地域区分の方法もあります。

　居住者の活動範囲からみると，地域は，現在の地方自治体の範囲とまったく
同じというわけではありません。そこで，地域の実状と自治体行政の地理的範
囲が同じ場合もあるし違う場合もあります。しかし，地域の人々の生活に関わ
る行政サービスは，自治体の行政範囲を基準に実施されています。また，地域
に関する資料や統計は基本的に自治体や行政機関が管轄する区域を対象に作成
しているため，隣接する複数の市区町村にまたがる地域のことを調べる場合や，
市区町村の中の一部地区を組み合わせて調べたい場合には，表示されている統
計データの対象範囲や指標と自分の関心事とのズレが生じて不便さを感じるこ
ともあります[3]。

　第２に，地域の住所を見ると，市区町村の中を細分化した単位として，〇〇
地区，△△丁目，◇◇集落などと表現されているでしょう。それは自分が住ん
でいる地域の地理的立地や，自分が活動する空間的広がりに対応するかもしれ
ません。通常，居住者にとって最も狭い地域とは，自宅（居住場所）の近隣で
日常的に生活する範囲（生活圏）だと思います。これに関連して，公立小学校

区の範囲というくくり方もあり，公立小学校区のなかには町内会，自治会が複数あると思います。その一部地区やブロック（市街地の一区画）を（地域）コミュニティの単位と呼ぶこともあります。他方，複数の公立小学校区の広さに対応する地理的範囲が公立中学校区になっていることが多いでしょう。

　市区町村（やその一部）に相当する1つひとつの地域や，特定の場所や地域など比較的に限定された対象地域（日常用語でいう地元に近い）を，英語ではローカル（local）と呼び，市区町村よりも広いが少し漠然とした範囲の地域をリージョン（region）と呼びます。複数のローカルを合わせたものがリージョンになるという関係です。また，ローカルの一部として（近隣・地域の）コミュニティがあります。なお，規模が小さい市町村の場合，ローカルとコミュニティを一体的に捉えることもあるでしょう[4]。

　第3に，世界のなかの東アジア地域，北欧地域，地中海地域などという表現があります[5]。地球のことを英語でグローブ（globe）というので，（2つの地点・地域間だけであっても）地球上の複数地点間の関係を地球規模とみて，グローバル（global）と呼びます。また，複数の国や地域に関わる関係や国境を越えた空間的範囲または関係のことを国際的（international）と呼んでいます。特定の国や地域に限定されない場合と，複数の国や地域に関わる事柄，複数の国や地域における地点と地点の関係，行動範囲を指す場合が微妙に使い分けられています。ただし，本書では世界の地域に関わることについてはほとんど触れません。

　以上で見てきたとおり，地域についての捉え方はいくつかあるのですが，その人の関心に応じて，都道府県，市区町村，その中の地区などが，地域を考える際の基本的な単位になります。

3　地方という表現──地域と地方の違い

　地域と似た言葉に，地方という用語があります。地方の都市，地方の市町村という意味は，結局のところ，中央ではない（首都・東京ではない）場所を指します。ただし，近畿地方や関東甲信越地方など「○○地方」という言い方は，

△△地区，××地域という呼び方と同様に，ひとつのまとまりとなった区域（英語でいうエリアやゾーン）を表わすための言い方で特別の意味はありません。

3-1　国の中心から見た「地方」という表現

　第1に，基本として，国の政治的決定機能の側面からみた中心地（中央）である首都（東京都区部，首都圏）以外の地域を地方と呼ぶことがあります。日本では，昔の都であった京都や現在の首都である東京から非首都地域に配置転換される際，「都落ち」と呼びました。首都（東京）から離れる方向（または経路）か首都（東京）に向かう方向（または経路）は，たとえば，JRや高速道路の「上りと下り」という呼び方に残っています。[6]また，「お上りさん」という表現も，首都（や規模が大きい都市）とそれ以外の地域との間における都市・地域間の階層性（上位と下位という解釈）を反映した表現とみなすことができます。

　第2に，首都から離れた場所を，地方と呼ぶ言い方があります。[7]それは中心地と周辺，縁辺，縁（へり）という地理的立地の区分に従う見方・表現法であり，各地域の地理的位置に関連させて，首都（東京）からの距離（どれほど離れているか）で捉えられます。

　第3に，地方自治体や地方公務員など，国の機関とその他の機関のレベルの差に基づく表現があります。それは法律的判断や財政資金の収入と配分（財源配分）などを話題とするときには，国と国以外（すべての地域）との関係において，東京都も国と対立する1つの地方となります。それは法律的な優先度の点で，上位機関（「格上」）である国の（中央）政府と，下位機関（「格下」）となる地方政府（地方自治体）の関係という見方です。この場合，地方政府は国が決定した業務（定型業務や一時的な政策執行業務など）を執行する機関でもあり，事実上の業務の委任と執行代行の関係にもあります。

3-2　地方とは「大都市（都会）ではない」という見方

　東京，大阪，名古屋などの大都市とその周辺地域をまとめて，東京圏（また

は首都圏），関西圏，名古屋圏と呼びます。ここで東京圏や首都圏以外を「地方」とみる見方と，東京圏・首都圏，関西圏，名古屋圏以外を「地方」とみる見方があります。

　それとは別に，東京都区部とその一部周辺地域を合計した地域（東京都多摩地区を除き，神奈川県東部，千葉県西部，埼玉県南部を含む地域）をひとまとめにして，それ以外の地域と区分する方法もあります。東京を中心に考える人は，東京特別区（23区）以外，東京圏以外，または，東京圏から離れた場所を，地方と呼びます。大阪でも，大阪圏（大阪市およびその南北の市と阪神間と京阪間の地域など）から離れた場所や，大阪市より小規模な都市やその周辺の場所のことを「地方」と呼んでいます（このような見方には，都市レベルや都市圏の階層的序列を念頭に置いて，上位地域と下位地域を設けている意識を読み取ることができます）。

　さて，人口規模でみる表現では，大規模でない都市を地方都市と呼びます。また，日本の三大都市圏とそれ以外で，札幌，仙台，広島，福岡の４市はしばしば「（四大）地方都市」と呼ばれています。現実には，三大都市圏の中での周辺都市よりも一部の地方都市の方が都市機能は充実していますが，三大都市圏の中心部への時間距離の差や，三都市圏以外という基準で地方都市が別の類型として区分されていると思われます。

　いずれにしても，大都市圏や都市部とそれ以外の地域という区分法で，それ以外の地域を地方，より小規模な地域（市町村）を「田舎」と見ていることになるわけです。それは，結局のところ，東京を頂点とする中央と地方について「上位・下位の階層的意識構造」が反映されているともいえます。さらに，地方都市の中にも上位と下位の区分があり，地域間階層的な意味で，大都市以外の場所を「地方」と呼んでいるのです。

　なお，人口規模が大きい都市や場所を「都会」と呼ぶ表現もあるでしょう。一方，都市部の中においても，都会的な場所と庶民的・下町的な場所があることはいうまでもありません。都会と田舎という捉え方については，第４章後半で少し詳しく考えてみます。

3-3 「地方創生法」における地方と地域

　地方創生法（2014年）では，人口の東京一極集中を抑制し，東京圏以外での人口を一定程度確保・維持することを狙います。地方創生法は「まち・ひと・しごと創生法」と改正地域再生法から構成されています。「まち・ひと・しごと創生法」では，法律の目標として，人口の東京圏への一極集中を是正するために地方での雇用機会を維持・創出すると明記されています。法律名である「まち・ひと・しごと創生法」に，地域と人口と仕事（雇用）が相互に結びつけて表現されているのは，人口確保と雇用機会の創出が地域・地方の状態を維持する上で欠かせないという考え方を反映するためです。「まち・ひと・しごと創生法」での「まち」を「地域」と読み替えれば，政策の対象は上で説明した「地方」に限定されるわけではないとわかるでしょう。

　地方創生法は，東京圏以外での人口を一定程度確保・維持することを狙うのですが，上で説明したとおり，東京圏以外を地方と見なしているわけです。ただし，地方創生法での地方という言葉は，東京圏ではない，東京圏から離れた場所，田舎，さらには，活動状態が活発でない地域など，さまざまな解釈ができきます。そのせいもあり，地方創生という政策について，東京圏への人口集中を是正すること，一極集中を回避することを政策目標にしていると解釈がある一方で，他方では，「田舎」や活動状態が活発でない場所の活性化を政策目標としていると解釈することもあり，解釈の仕方により，地域・地方ごとに政策内容は異なってくるかもしれません。

　地方という言葉は，主に東京圏以外の場所・地区を指すために用いられていますが，本書で説明していく地域についての話は，今，説明した「地方」という言葉とはまったく異なる意味だと理解してください。本書の目的は，地方でなく，地域について考えることです。本書でいう地域とは，東京圏や大阪市など都会の中での1つひとつの地域を指すこともあるし，東京都区部やその中の一部の地区も1つの地域となるのです。もちろん，東京圏ではない（地方の）地域に関わる話もあります。別の言い方をすると，東京圏の中においても活動が活発といえない地域が含まれているし，あらゆる地域が1つひとつの地域となるのです。本書では，これらのすべての場所に関わる言葉として「地域」を

捉えています。それぞれの地域の特徴を把握し，地域が置かれている状態やそれぞれの地域が抱えている課題を理解し，それらについて考えるための基本的な知識と理解力を身につけることを目指しています。[10]

4 人の活動範囲と地域

4-1 居住地域と活動地域

われわれが住んでいる場所は１つの地域であり，地域を考えるとき，居住，生活，活動などの場所と結びつけて捉えることが基本になります。居住地域というのは常住地域であり，日本においてそれは（行政手続きや統計の点からみて）１人ひとりが住民票を登録した場所を中心とする周辺空間領域です。しかし，通学者や従業者の中には，生活の中心や拠点が居住場所でなく，通学先や勤務先などでの生活・活動時間がその人の一日の大半を占めていることも多いでしょう。それは，昼の居場所が居住地とは別の場所（地域）だという状態です。自宅（住民登録した場所）は「寝るだけの場所」でしかないわけです。そのような生活をしている人が多いならば，人が昼間に集まる場所（地域）と，人が夜間に寝る場所（地域）が違うという人がどれほどいるかを確かめる必要も出てきます。

そもそも，人の生活は，睡眠や入浴等という人の基本的生活時間以外に，就学・就労や，通勤・通学のための移動のほか，飲食や買い物をする，人と交流する，（運動，趣味，娯楽など）自分が好きなことをするなど，さまざまな活動からなっています。上でも説明した通り，地域とは，その人の生活や活動に直接の関わりをもつ地理的場所とそれを取り巻く空間的範囲です。多くの人は，地域に関わるさまざまなことを知っていて，また人が慣れ親しみをもつのは，自分の活動範囲または生活圏を中心とした地域についてだと思います。

一方，人の活動範囲をみると，第１に，居住する市区町村から外部にほとんど出ない人，第２に，都市・地域に関する一定の空間的範囲内でのみ活動する人，第３に，（通過するだけの場所も多いですが）複数の市区町村を日常的に移動する人，さらに第４に，広範囲に移動する人と，さまざまにいるでしょう。

そのとき，移動手段が活動範囲と密接な関係をもつと思います。地域内・地域間の移動手段として，徒歩，自転車，バイク，自動車（バスや乗用車），鉄道，等がありますが，それは地域の公共交通機関がどれほど使いやすいかの状況にも依存します。これらの事情が人々の生活上の活動範囲（生活空間の広さ）に関わる側面もあると思います。

　自宅と学校や職場との往復など，生活空間や活動範囲が地理的にみて限定された人や，広範囲に移動して活動する人などがいるので，それぞれの人が考える「地域の範囲」は違うことになるでしょう。とはいえ，複数の市区町村を日常的に移動する人や各地を訪問した人でも，交通拠点（鉄道駅，バスセンター，空港，港など）や活動施設（学校，会社等，小売店・商業施設，運動施設，公園，特定の建物など），各地域の特定の場所とその周辺など限られた範囲しか動いてない，見てないことも多いかもしれません。また，居住者でも，自分が住んでいる地域のすべてのことを知っているわけではなく，地域や地域内外とその周辺のことを知っている程度にも限りがあると思います。

4-2　地域の多様性と地域間の比較

　自分が住んでいる地域（や自分が住んでいた地域）と自分が関わる地域のことがらやその地域の特徴，それと同時に，それ以外の地域のことを知る機会が多ければ，地域にはそれぞれに違いがあり，さまざまな特徴をもっているとわかります。地域の特徴の違いを生む原因やそれに関わる要因を考えることが，本書の目的です。行ったことや住んだことがない地域の特徴をどのようにして理解していくか，これも学習上の課題です。

　自分が住む地域の特徴と他の地域の特徴を知り，それぞれの違いを理解するためには，地域ごとの生活や経済（産業活動や事業機会），街や店の雰囲気など地域に関わる特徴をつかみ，他地域の生活や活動の特徴と比べて理解することが大事です。地域ごとの特徴などを地域間で比較して考えていくうちに，実は，自分の地域のことをこれまでよりも多く，幅広く，深く理解できるようになるでしょう。どの地域を好きとか好きでないとかという話ではなく，どのように違うのか，なぜ違うのかを考えることが，地域をきちんと理解するために

は大切です。本書では，地域の特徴に関わる着眼点を学んでいきます。

　人が注目した事柄や地域の状況を，過去，現在，未来に関係づけて考えることは，歴史を踏まえた見方，または「時間軸に沿った見方」と呼ぶことができます。また，ある地域と他地域を比較することは地理的・空間的な広がりに対応するので「空間軸を踏まえた見方」と呼ぶことができます。本書では，時間軸と空間軸の両面から，地域の事情・状況や特徴を知り，地域が存在感を生む要因や地域が活性化する要因などを説明していきます。また，地域の変化とその原因についても考えてみます。地域の活性化を考える時に注目すべき事柄やそれらについて考える際に必要となる基本的な概念や考え方を学んでいきます。知ることは学ぶことですが，知った上で，なぜ，そのようになったかの理由を考え，自分なりの解釈や意見をもつことが望まれます。

練習問題

1　本書を読んで，地域とは何だと理解しましたか。
2　本書を読んで，地域と地方の違いをどのように理解しましたか。
3　自分が住む地域と自分が活動する地理的範囲との関係を説明してください。

注
1) 地域間の境界線を川の中央と定めていても，川の流れ方により川幅が変化し境界線が移動することがあります。埋め立て地でも土地が拡張していくと境界線は不明確となりやすいです。東京都区部を含む多くの地域で，地域間の境界線に不確定部分があり，それは地域（市区町村）の表示面積に影響しています。
2) （北海道を除く）現在の都道府県の原型は1890年に形成されました。なお，現在は別々の都府県ですが，大阪府大阪市と兵庫県尼崎市の電話番号局番は06，東京都町田市と神奈川県相模原市の局番は0427，福岡県久留米市と佐賀県鳥栖市の局番は0942と，それぞれ県境をまたいでも同一です。その他，静岡県浜松市と愛知県東部地域（豊橋市，蒲郡市，豊川市など）の局番も最初の053の部分は同じです。
3) 市町村（それを基礎自治体といいます）の統計を合計して都道府県の統計ができています。さらに，複数の都道府県を合計したレベルとして，地区管区（東北，近畿，四国など）というくくり方があります。そして，都道府県，または管区の統計を集めて国の統計となるのです。
　　なお，自治体の区分とは別に，阪神間，中央線沿線，城南地域など，関心や目的に応じて地域区分は多様にあるでしょう。また，大阪梅田駅や渋谷駅の周辺など，駅とその周囲範囲や目印となる施設や建物を結んで表現する区分法や，1つの場所や地点を中心

にその周辺地区を見ていくこともできます。しかし，それらをカバーする統計データは簡単には入手できないのが普通です。よって，本書ではこの見方を取り上げません。

4）対象となる範囲や空間が広くなるほど，region, district などと表現も変わると思います。また，area は広い対象にも狭い対象にも使われます。なお，共通のテーマ，関心，趣味，属性をもつ人たちがインターネットやソーシャルメディア（SNS）を介して結びつく「テーマ・コミュニティ」は，地域コミュニティとは別次元です。

5）世界の統計を見ると，アジア州，欧州，北アメリカ州などのように，州（area）という表現もあります。なお，地域を区分する基準として，外国では，宗教，宗派，民族，交流度合や連帯感が多様で，複雑で，重要な意味を持つ場合が多くあります。

6）上方芸能と呼ぶ習慣も残っています。

7）中央集権国家の日本では，国の「中央」（中心）とは首都がある場所を言い，国の政治と行政に関わる機関が多く集まっている場所（首都）以外は地方となるわけです。だが，たとえば，分権型国家のアメリカやドイツでは州や省の力が強いので，中央政府と地方政府に関する別の見方や基準があります。また，アメリカでは，政治の中心地ワシントンと経済の中心地ニューヨークの役割が違うので，日本のような1つの中央という発想はないともいえます。

8）東京圏とは，東京都，神奈川県，千葉県，埼玉県を指します。また，首都圏とは，東京都，神奈川県，千葉県，埼玉県，栃木県，群馬県，山梨県を指します（『首都圏白書』参照。首都圏整備法で，1都6県を規定しています）。言うまでもなく，東京都と東京都区部（東京23区）は別です。

9）都市・地域間の対抗意識に関連して，若い人が自分の居住地にある施設・機能，著名なカフェや映画館の有無や数などを競いあう会話を聞くことがあります。それは「地域間の序列意識」に関わる発想に基づいています。

10）地方創生法の解釈や政策効果を調べたい人は専門的な文献を見てください。

地域の地理的特性

　地域の特徴は，主に，① 地域の自然条件や地理的特性の差，② 居住者の数や生活様式・活動内容の違い，③ 産業活動，④ 地域の過去から現在までの歴史的プロセス（地域の人や組織の経験），⑤ 地域の文化的特徴，⑥ 地域固有要因などの違いで説明できる部分が多いでしょう。第2章は，① 地域の自然条件・地理的特性に関係する用語，立地・場所から見た地域の特徴について説明します。

1　地域の位置と立地

1-1　立地と場所・位置

　短期間に日本列島を東西に移動したとき，日の出や夕闇が始まる時刻の違いを感じる時があります。また，同じ日本でも，立地場所により気候や地理的性格に違いがあります。

　地域（市区町村）や施設・建物などが特定の場所にある（所在する）ことを立地（location）と呼びます。立地は，地域の具体的場所を意味します。たとえば，甲子園球場（大阪府ではなく，兵庫県西宮市）や東京ディズニーランド（東京というが，千葉県浦安市）などは場所の所在地を誤って理解することが多い例です。立地とは，固い表現での説明をすれば，国際機関や国が決めた地理的表示法に従い，世界や1つの国の中での特定の場所（所在地）を表示します。ある地域（都市）の地球上の場所を厳密に示すために，緯度・経度で表示する方法があります。札幌市の立地は北緯42〜43度，東経140〜141度，東京特別区は北緯35度，東経139度，大阪市は北緯34度，東経135度，福岡市は北緯33

度，東経130度などと，各地の（地球上の）特定地点を表示できますが，この表現内容に特別の意味を感じることはありません[1]。

　それほどまでに厳密に言わなくても，その地域の地理上の場所（place）を示すとき，よく使われるのが住所（address）です。住所は，都道府県名，市区町村名，番地などを組み合わせて表現され，人や組織と建物・施設の所在地または場所を表示します。ただし，地域内の個々の場所には番地が付けられていますが，住所の番地や場所は面積をもたない1つの地点（spot）です。地域は，そうした地点（特定地）ではなく，面としての「空間」的広がりをもちます。

　一方，立地には，地理的に広い対象範囲の中での位置を，緯度・経度または住所で厳密に表示する方法以外にも，基準となる都市・地域や地点と関連づけて説明することや，相対的な位置関係や大まかな地域区分に従って位置や場所を伝えることも多いでしょう。たとえば，大陸に近い場所とか，東日本と西日本（北日本と南日本），太平洋側と日本海側，山側と海側などという区分の仕方があります。ユニークな立地を強調して，最北端，西南端などの表現や，中西部，極東の国，湖南地区などという表現もあります。また，関西と関東という名称は，京阪神地方（または大阪府ほか3府県）と，東京都および周辺6県を指すことや，歴代の街道の要となる関所の東と西を指すことなどがあります[2]。

　また，ある時点で人や移動車両などが所在する場所（地点）を位置（position）と呼びます。位置を示す方法としては，基準となる場所や地点からの距離や限られた空間での（相対的な）場所に関連する情報が使われます。たとえば，（住所など）その地域がある所在地の情報のほかに，地域内での具体的な目印となる場所からの方向性，東西南北などの位置関係と距離を使うことが多いと思います。GPS（global positioning system）が発達して，現在では地球規模でみた広い地理的・空間的範囲の中での住所や所在場所などを正確に表すことも可能になってきました。

　他方，特定の地域内での場所を示す場合などにおいて，立地・位置は特徴が明確な物や目印となるよく知られているものからの方角や距離で表現されます。街中では，ある建物の真正面，駅の東改札口，時計台の前，橋の手前，店舗の入り口付近という表現，あるいは，駅の山側と海側という表現があります。こ

れらについても，地点を指す場合と，一定のまとまった地区（広場や都市区画など）を指す場合とがありますが，地域とは，地点（特定地）ではなく，面としてのまとまりをもつ空間領域や地理的範囲を指しています。

1-2　立地・地点と距離

　距離（distance）は，2つの地点の間の長さを意味します。第1に，物理的距離は特定の2つの地点の間の長さ，たとえば，現在の地点（出発点）と目的地との距離を指します。第2に，時間距離は出発点と目的地との地点間の手段別にみた移動時間をいいます。人が移動するときの実際の時間は地図上の直線距離だけからは読み取れない要因を考慮しなければなりません。「自動車で15分だが，電車だと（乗り換え時間を含み）60分」ということもあります。そこで，出発地点（の玄関扉）から目的地点（の玄関扉）までを「ドア・ツー・ドア」の所要時間で表現することが多くなります。また，移動時間が60分といっても，新幹線・飛行機・徒歩などの移動手段により実際の距離は大きく違います。第3に，時間距離と密接に関係しますが，対象となる地域や場所・目的地にいつでも行ける，または簡単には行けないなど，近さや遠さを感じる心理状況を，心理的距離といいます。移動手段と経費を考えなければ，30分で街（商店街，飲食街，遊ぶ所）に着くという地域間・地域内の近接性に相当します。たとえば，首都（東京）に近い。空港や海に近い。沖縄を起点に見ると，中国大陸や東南アジア各国までの距離が短い，などの例があります。

2　地域の気候

　気象（weather）情報または天気予報は，晴雨，気温，風力・風向き，気圧，波の高さなど日々の情報を伝えています。一方，気候（climate）は，日々の情報ではなく，季節（四季）の有無や，年間の晴雨の日数，平均気温，降水量などを中心に地域の特徴を説明する点が違います。ここでは，地域の気候が生活や産業に関わる要因やその影響を考慮して，留意点を説明します。

2-1　平均気温

　それは，温暖・寒冷など年間を通した温度（帯）や気温の変化，最低気温，最高気温などをいいます。冬は寒い，夏でも涼しいという表現もあります。また，たとえば，その地域の標準的な暖房器具が，エアコン，ストーブ，セントラルヒーター，暖炉（煙突付き）または，暖房の熱源が電気，ガス，灯油，その他かを聞けば，その地域の気候（や生活様式の一端）がわかります。

　日本で最高気温が30度未満なのは東北地方や北海道です。最低気温が0度以下なのは北関東地方以北と甲信地方が多いです（巻末付表参照）。

2-2　日照時間と降水量

　晴れの日や雨や雪の日の日数や降水量（・降雪量）が多い時期などを示します。また，日照時間が長い地域もあるし，雨が降りやすい地域もあります。晴れの日が多い地域では，太陽光発電設備や屋外での天日干しの風景が多く見られるかもしれません。日照時間が長い地域では，（米などの二毛作が行われるなど）農業にも特徴がみられます。他方，日照時間が短い地域（北半球の世界を見ると北欧，英国など緯度が高い地域）では秋以降になると午後3時半ころでも日没し暗い状態となる日が珍しくありません。

　雨がよく降る地域では，河川の流水量や水の勢いを抑制するための治水設備や仕掛けが見られるでしょう。雨が少ない地域では，ため池や貯水施設など水管理の仕方に工夫がみられます。また，雪が多く積もる地域では，屋根の傾き

が急になっているとか道路脇に除雪溝やすべり防止剤（塩化カルシウムなど）が設置されているなど，居住者の冬の生活様式や対応策に地域の特徴を見出すことができます。

　なお，日本で，晴れの時間（日照時間）が長いのは山梨県と静岡県です。（降雪量を含めて）降水量が多いのは宮崎県，石川県，富山県です（付表参照）。

2-3　風　　力

　風力とは風の強さですが，風が強い地域といっても，一年中，強い風が吹きつける，吹き抜ける地域と，特定時期に（「おろし」「空っ風」などの）強い風が吹く地域と，突風，竜巻，台風がよくくる地域などさまざまにあります。日本海側では防風林があり，南日本の海岸沿いでは住居の周りの囲い・仕切りに空洞がある壁を設けることや風が吹き抜けるよう穴を開けた広告板・広告布を設置することなど，地域の気象条件に応じた生活上の知恵を感じることがあります。

　世界的には（もともと，穀物を脱穀するための）オランダの風車が有名ですが，最近では，風力発電用の風車が国内外の各地に見られます。

2-4　その他の気候の影響

　海や川や湖，池のそばでは湿度が少し高いかもしれません。一方，内陸や盆地ならば，昼は蒸し暑く，朝と夜は涼しいという地域もあります。西日本の臨海地域では，夏場に約1か月間の熱帯夜（最低気温が25度以上の夜）が続くこともあります。自然条件である気候を立地と結び付けて，台風が接近・通過しやすいとみなされている地域，山間地域や大きな湖や川の流れ方により霧が発生しやすい地域，西日本を中心として春に中国大陸の砂漠地帯から黄砂が飛来し舞うことが多い地域などもあり，地域ごとの特徴を感じます。また，特定地域に固有の話として，噴火している火山があると風下側の地区には火山灰が降ることもあります。

　外国では海から相当に離れた地域（たとえば，北京など）では，われわれが想像する以上に乾燥している地域や，水が不足しがちな地域もあります。米国

カリフォルニア州など降雨日が極端に少ない（時期も短い）地域では，自然発火による山火事が多く生じています（そして，海からの強風が加わると，大火になります）。

3　地域の地形と面積

　地形的特徴について，それは土地が平ら，坂が多い，山が市街地に迫る，川に面するという状況や，島，半島，岬などがあります。また，地域の面積や空間が広いか狭いか，その他，地域の形状が細長い，不定形かなどを分類しつつ，説明していきます。

3-1　地域の広さ（面積）・形状と傾斜

　地域の範囲が狭いか広いかはその地域の地理的広さですが，面積で示されます。河川や湾岸を埋め立てると，その地域の「陸地」面積は拡大します[3)]。一方，その地域の形，たとえば，細長い地域や定型でない「いびつ」な形の地域を含むなど，縦横（東西，南北）の形，自然が作った地形も特徴といえます。

　基本的に平らな土地がどれほど広がっているか，その土地の表面がどのような特徴をもっているか。たとえば，平野や平原が広がる，地平線が見える，あるいは，平野が狭い場所，坂が多い街，傾斜度が厳しい場所，山間部（山あい），盆地，丘，谷間，里山など平地と傾斜地の組み合わせが，地域の地理的・地形的特徴を決めるでしょう。土地の起伏が少ない状況で，平地が広がり，水が利用できるならば，農業が行われ，草地であれば，牧畜がみられるかもしれません。

3-2　海抜高度（標高）

　海抜とは，海水面からの高さをいいます。干拓や地下水のくみ上げすぎなどのせいで，その地域の標高が海水面の高さよりも低い区域は「ゼロ・メートル地帯」と呼ばれ，大都市部を含めて各地に存在します。また，その地域の標高が土手や堤防の向こうを流れる川の水面の標高よりも低い「天井川」（付近の

土地の標高より河床が高い状態）もあります。河口付近や複数の川の合流地での三角州，中州などもあります。

　一方，山岳地域（高地）では，ふもとと呼ばれる地域の標高がかなり高いことも珍しくはないでしょう。

3-3　地理的要素の組み合わせ

　実際の地域の地理的特徴は，これまで説明してきた地域に関わる特徴や要因が組み合わさっています。立地や地形は，湿気，湿地，乾燥，潮風の有無などに関わることもあります。地域の広さと地形（形状，傾斜），気候，地質など地理的要素の組み合わ方で，地域の特徴もさまざまな類型に分かれます。

　坂道など起伏が多い，森がある，水の流れが速い川の流域，天然のよい港がある，川と橋が多い町などです。また，立地と気候の組み合わせには，雪が多い，温暖，風が吹く，霧が出る。日当たりがよい，朝晩の気温差などが加わります。

　目にする土の色や，草，花，樹木，農産物，水産物の種類は，地域ごとに違います。風雨・風雪を防ぐ地形や造営物，自然のままの土地と「人の手が入っている土地（利用地）」（川，湖，運河，水路，農地）などが組み合わさった光景から地域の特徴や印象が変わります。

　また，高い山に囲まれた地域では日の出時刻が少し遅く，日没時刻が少し早くなります。地理的要素の組み合わせは，その地域に住む人々の生活様式に影響するかもしれません。

4　人の移動の手段・経路

4-1　移動手段と移動経路

　居住や取引・交流を目的として人々が集まってくる地域やそれに関わる移動経路は人々の生活や地域の発展・衰退に影響してきました。自然の地形が居住地域や移動経路を決めることも多く，一般には移動手段が変化すれば，交通上の要所と呼ばれる地域の役割も変わります。

　古くからの交通経路には，近道だが，山が海に迫る場所や山や谷際の危険な道がある一方，険しい山を迂回してそのふもとを通る遠回りの道など，自然の地形に制約された中での通り道が現在まで残っている地域もあります。たとえば，現在の愛知県・三河地方から京都に向かうとき，伊賀や甲賀の山中を通らないとすれば，一般的な経路としては岐阜県不破郡関ヶ原町を通るしかない（そこで待ち伏せする）という事情が出てくるのです。[4]神奈川県箱根町も東海道を移動する場合には同様です。古い時代には，そのような地域・場所に関所などの通行検問所が設置されていました。自然の地形が交通経路を決めることが多い反面，高い山を回避して走る道路や鉄道線路などは一度建設されると，新たにトンネルや別の迂回路が建設されない限り，長期間その経路を使うことになるわけです。

　また，人の移動手段が徒歩，動物，船，鉄道，自動車，飛行機などと変化し，それに応じて交通経路も陸路，水路，鉄路，空路などと変化・多様化してきました。同時に，人や物資の移動経路と人々の交流場所もさまざまに変化しました。移動手段や移動経路が変化すれば，交通上の要所と呼ばれる地域の役割も変わることがあります。人力・馬力の時代だと，幅が大きな川を渡るとき，橋がなければ，どの箇所をいつ，いかにして渡るが制約となり，それが宿場や渡し補助の仕事を生み出しました。水運（船での物資輸送）の時代では安全な輸送・移動ができることや（自然にできた）良好な港があることが重要でした。鉄道の時代では鉄道駅のある場所とその沿線が，高速道路の時代では道路分岐点やインターチェンジ（道路の出入り口）があることなど，交通上の利便性がそれぞれの地域の役割を左右します。人々が集まってくる場所や移動経路上に立地して栄えた地域の一部においては，地域が果たす役割も変わり，それぞれの地域の発展と衰退がみられました。

4-2　人の移動と地域

　過去の取引活動という観点からみると，（当時の）地域産品の輸送や荷物の集積・保管・集配・荷分けの役割を果たした場所や地域には，街道や港のそばに物流・倉庫・取引場などが整備されています。水運ならば良好な港，鉄道な

らば駅の設置場所（立地）とその沿線が，自動車ならば道路分岐点を中心にと，移動手段が変化すれば，交通上の要所と呼ばれる地域の役割も変わります。

　江戸時代から1890年頃までの海運交通路として，主要な港（秋田，新潟，敦賀など）は日本海側にありました。とくに北前船（北海道松前町から大阪までの日本海廻り，瀬戸内海経由の運搬船のこと）や鯖街道など，産地の天然資源，農林水産物，加工品の流通と取引の場（市場）を中心に人や物や情報が動き，都市・地域の発展が見られました。経済活動や情報の伝播は，地域の境界線を越え，その経路に沿って文化の伝播もありました。

　日本における観光のルーツの1つに，奈良県吉野地区や和歌山県の熊野三山への参詣（熊野詣で），三重県の伊勢参りなどがあります。それは鎌倉時代（11〜12世紀）の頃の話です。また，江戸時代以降では，東海道や中山道など多くの歴史街道があります。当時は徒歩を基本とする旅行なので，訪問者や通過者が多い場所・地域には，峠の茶屋などの休憩所が，また，川や海の渡し場，峠，関所がある場所には旅籠，宿場町などの街ができています。移動経路と交通要所が，人の往来やビジネス活動の地域的要衝の地点を左右していたわけです。

　明治維新以降の鉄道の時代では，工業集積地を建設する目的で石炭，生糸などの資源がある地域の産業開発や生産活動が盛んな地域への人口集中が進みました。さらに，第2次世界大戦後の国民所得倍増計画（1960年策定）にもとづき，太平洋側の臨海部に工業地帯が建設されました。しかも，都市部の工場で働くために日本全国の農村地帯などから大量の人が都市圏に移動・移住してきて，日本の人口分布が大きく変化しました。

　なお，全国あまねく鉄道網を張り巡らせるため，または，戦争の時代への備えの一環として，海岸部を走る物資輸送路線の迂回路となる内陸部の路線を建設予定計画に組み込んだ改正鉄道敷設法が1922年制定されました。しかし，実現できたのはその一部区間だけだったせいもあり，第2次世界大戦後，中途半端な路線が残りました。それが乗客数の減少とあいまって，後の不採算路線（赤字ローカル線）となったと考えられる地域が多くあります。

5　地域の地理的特性と人の生活様式への影響

　自分が知る場所や住む場所とは違う特徴をもつ地域がたくさんあります。季節にもよりますが，栽培している農作物はもちろん，自生している植物・樹木や土の色，風の質さえ違うかもしれません。地域間での特徴は自分が想像する以上に多様で，多面的と理解してください。

5-1　地域の気候と人々の生活様式

　自然条件として，気候，日照時間，強風の日や時間帯が多い，空気がきれいなど，さまざまな特徴があります。地域の気候の違いに応じて，服装，食事，住居様式に違いがあるでしょう。地域の一部に広い地理的空間があり，移動や交通上の利便性が高い地域に，人が住む，また多くの人が集まる。自然発生的に町ができていく。気候が温暖であれば，住みやすいので，定住する人が増え，さまざまな意見や文化をもつ人が交流する場所となる（ことが多い）でしょう。一方，気候はきびしくても，手に入る資源が豊富であれば，人は住むに違いありません。[6] 春夏秋冬に応じた地域の「旬」の産品を味わうことも楽しみです。気候の恩恵として，たとえば，強い空風が吹く地域では魚介類の干物が盛んです。豪雪・寒冷地では特産物に保存食が多いでしょう。

　土地が肥沃で，水があれば，農業など自然の恵みも豊かとなるに違いありません。自然の恵みとは，太陽光や水など，その地域のさまざまな条件が生み出す農林水産品や，それを元とした加工生産活動でできるものです。自然資源の採取・狩猟，特徴的な産物や農林水産物の栽培や保全など，農林水産業に影響してきます。新鮮な魚介類，果物，良質な米があることなどは地域の食生活の特徴を左右するでしょう。各地域の産品と特色あるものは「土地のもの」と呼ばれています。

　次に，気候に応じて，住宅の建築様式にも特徴があります。豪雪地帯では屋根の傾き，玄関が二重扉，風が強い地域では，家の風上側に防風林，熱帯性気候の地域では風通しを良くする工夫が見られます。冬場に路面が凍結するので，

道路わきに塩化カルシウムの置き場がある。台風がよく通過する地域では，雨戸など暴風に備えた設備がある。海を見渡せる家では海からの塩分を含む潮風のせいで，金属製品がさびやすくなります。沖縄県では台風にも強く，夏場は涼しくなるようにと，石垣やコンクリートの壁にも風通しを良くする工夫が見られます。

5-2　地域の自然環境・風土と人々の発想・思考法

　自然条件として，地域の気候，地形，風景（日々，見ているもの）は，そこに住む人々の生活様式はもちろん，ものの見方，発想，考え方，人の気質にさえ多少の影響を与えることがあるかもしれません。「生まれた，育った」地域や「住んでいる，働く」地域の風土と，その人の行動上の特徴や習慣，発想法・思考法がいくぶん結びついている（関係をもつ）場合があると思われます。

　気候が温暖で，自然の恵み（地域の産品の豊富さと生活環境）が豊かな地域で育つと，性格は穏やかとなりやすく，のんびり型が多い一方，冬の寒さ，雪（降雪量）の多さ，風の強さなどが特徴となる地域では，そこに住む人々の生活に支障をきたす面もあり，自然の力には勝てないと思う気持ちが強くなり，忍耐強くなるという見方もあるでしょう。地域特性よりも個人差が大きいでしょうが，寒い上に風が強い状態の日々が長く続く地域に住む人は，口数が少なくなるし，性格においては，せっかちでなく，気が長くなるのではないかという見方も出てきます。

　また，山を見て育つ場合でも，山が遠くに見える地域と，眼前に山がそびえ立つ地域では，人の印象や人の心理に与える影響が違うだろうと思います。海に近い場合でも，海や港が見える地域は限られているでしょうが，水平線や大海原が常に見える地域では心象が違うだろうという見方です。いつも水平線のかなたを見ていると，世界は広いと冒険心や大きな夢をもつ人が出てくるかもしれません。これらは，人が生活する地域の地理的特性（気候・風土や風景）の違いが，人々の行動や発想の違いに影響するだろうという見方です。

練習問題

1　立地，気候，地形という言葉を使って，自分が住んでいる地域の状況や特徴を説明
　してください。
2　自分が住んでいる地域の生活様式は立地，気候，地形によって，どれほど影響を受
　けていますか。
3　日常生活の中で，自分が住む地域から別の地域に移動するときの距離感や移動の手
　段・経路の面で，居住地の立地上の便利さや課題などをどのように考えていますか。

注

1）東京特別区と福岡市では，太陽が昇る時刻や沈む時刻が約30分違います。
2）7世紀頃までは，三重県・鈴鹿，岐阜県・不破関ヶ原，福井県・愛発の3カ所の関所
　の西と東，平安京になると，愛発を外し，近江（大津）の逢坂の関が基準に加わり，江
　戸時代以降では，神奈川県・箱根町の関所の西と東という区分などが関西と関東の境目
　でした（『広辞苑』第五版，岩波書店，1998年）。
3）自然条件ではないですが，複数の市町村が合併すると，自治体の面積（行政サービス
　範囲の広さ）も変化します。
4）江戸・日本橋から，大宮，高崎，軽井沢，塩尻，中津川，関ヶ原，守山，草津，大津，
　京・三条大橋まで続く中山道と，江戸・日本橋から，箱根，浜松，桑名，亀山，土山，
　水口，草津，大津，京・三条大橋まで続く東海道がありました。愛知・三河方面から，
　西北に進み関ヶ原を経て近江方面（草津）に至る中山道を指しています。別の経路とし
　て，愛知・三河方面から南下して亀山，土山，水口，草津に至る東海道がありましたが，
　亀山から土山，水口を通る道は伊賀・甲賀の山間を抜ける道でした。
5）北海道から津軽海峡を経て太平洋を南下する東回り経路は黒潮の大波で危険だったた
　め，冬場を除き，西廻りの航路が選ばれました。この西廻りの船を「北前船」といいま
　す。
6）アメリカでは老後は温暖なフロリダ州かカリフォルニア州に住みたいという願望があ
　ります（現在はアリゾナ州も）。気候がきわめて厳しい地域で育ったウォルト・ディズ
　ニーはそうした地域に，温暖で緑豊かな「楽園」としてのテーマパークを建設したわけ
　です（能登路雅子『ディズニーランドという聖地』岩波新書，1990年，75-76頁）。

第3章

地域の特徴をいかに捉えるか

　地域の特徴を知るための基本情報として，①地域の自然条件や地理的特性，②地域の外観的特徴や地域に固有な農林水産物，特産物等，③過去から現在までに至る地域の歴史や文化的特徴などに着目する方法があるでしょう。また，社会事情に関して，④現在の地域の規模（面積や人口など）や居住者の日常的生活（生活環境や生活様式）に関わる要因，主要産業，地域・街の特色などがあります。
　第2章では自然条件と地理的要因を説明しました。第3章では地域の歴史・文化，行事・祭礼などを取り上げ，地域の特徴に関連づけて説明します。

1 地域の特徴を調べてみる

　人は特定の地域に住んでいますが，1つひとつの地域には固有の特徴があり，地域の特徴はそこに住む人々の生活環境や生活様式，さらには産業活動とも関係しています。自分が住む地域（自治体全体やその一部）のことを地域外の人に聞かれたとき，うまく説明できなくて，戸惑うことがあります。地域の産業や生活様式の特徴を説明するためには，いくつかの側面から地域の姿を知り，地域固有の特徴を把握しておくことが大切です。

　居住者でも地域に固有の特徴に意外と気づかないものです。特定の地域から地域外にあまり出ない人と，広範囲に移動する人との間で，地域のことについて理解している内容に大きな差があるでしょう。都市部では，居住地域と昼間の日常的な活動地域が違う人が少なくないので，自分が住む地域の特徴を必ずしもうまく説明できない人は多いと思います。また，さまざまに活動する人が

多く住んでいる大都市地域と，人の数や動きが少ない地域に住んでいる人との間でも地域の状況に関する見方や内容は大きく異なるかもしれません。

　自分が住む地域の特徴を説明しなければならなくなった時や，自分が関心を持った地域について，その特徴を調べ，地域間の特徴を比較すると，予想もしなかったことを知ることもあります。自分の「地元」（生まれた地域や育った地域，住んでいる地域）について，その特徴や「よさ」や課題を知ることも珍しくないでしょう。また，これまで知らなかった他地域にも興味深い特徴があることや，地域間の特徴に共通性があることなどもわかります。

　地域には，さまざまな特徴をもつ要因が混在しています。また，地域の姿や機能，特徴も大なり小なり変化します。地域の特徴は地域間でどれほど違い，どれほど共通しているのでしょうか。地域の特徴を捉え直してみると，地域に対する目の付け所も変わってきます。他地域との共通点や違いを理解し，それらの特徴や違いを生み出す要因を考えてみましょう。

2　地域の外観的特徴

2-1　都市部の外観的特徴

　地域の外観的特徴やその印象として，人の数と動き方，建物の数や形や高さ，道路や空間のつながり方など視覚で捉えた風景や雰囲気は地域ごとにさまざまな形態があるとわかります。一方，地域・都市の中心地である鉄道駅の前やバスセンターの周辺，商業施設等の外観（店舗名や広告看板の内容，形，文字の大きさ，色など）や特徴はどこの地域でも似ている面があるという印象をもちます。ある地域に到着したとき，最初に目に入る景観やその地域・街の中心地や拠点地区の雰囲気が，その地域に対する訪問者の第一印象を決めていますが，他地域の景観とどこか似ていると感じることが多いと思います。

　都市部では，人や建物，移動物，店舗も多く，人の動きも多様で，店舗には製品・サービスがいっぱいあるイメージを与えています。さらに，常に新しい形態や機能の製品・サービス等が出てきて，それが楽しくて便利ということもあるでしょう。

都市部では，実際，ものと機能が多様にそろっていて，求める条件に応じて，必要なものをほぼ取り揃えて提供している状態といえます。真新しい施設（コンクリートでできた人工の建築物）が多い地域に住む人は，少し移動すれば，何でも手に入るわけです。とはいえ，お金を出して手に入るものやサービスは，いまや，どの都市・地域でもほぼ似通ってきた感じがします。建物・施設の多くは，似通ったデザインで作られることも多く，しばしば他地域にも類似のものがあるので，どこに行っても同じ特徴や画一的な印象しか与えない面もあります。それを安心の印と見るか，変化や違いがないと見るかは，人により違います。

　地域の中心部にある商業地や都市郊外（市街地の周辺部）の大型商業施設内には，全国チェーン店として中核市以上の規模の都市のどこにも共通してあるおなじみの店舗やロゴマークの施設が多いと思います。全国チェーンの飲食店の場合，標準化されたメニューや味とサービスが提供されていて，それが期待通りの（安心できる）味や信頼に値する内容の目印であることは否定できませんが，画一的に大量に生産され，大量に流通しているものが大半です。地域の特徴や個性や日々の変化を求める人にとり，実質の意味での多様性や選択肢は少なく，「どこで買っても同じ」という感覚しか残らない側面もあります。そのような事情から，多くの都市や地域で，表通りから裏通りや路地に足を運んだ時，そして，駅前商業地や中心市街地から離れるにつれて，その地域の「本当の」特徴が見えてくるのだろうと思います。

2-2　田舎部の外観的特徴

　田舎と呼ばれている地域では，人口が少なく，人口密度も低い。樹木，草地，農地が多い。地域の外観的印象として，人や自動車などの動きが少ない。騒音が少なく，静か。のんびりとした風景が広がる，変化が少ない。また，地域の一部では店舗が少なく，自分が求める品を扱う店舗がない点や自分が必要とするものやサービスがすぐに手に入らない点から，利便性は低いというかもしれません。大都市や他の地域では簡単に手に入るものがその場では欠落している点だけを見て，都市からの訪問者に限らずそこに住む人までもが，そこには

「何もない」と言います。しかし，「都会」と比べる必要はないでしょう。

3　地域の歴史と文化

　歴史的・文化的要因も地域の特徴を決める要因です。地域居住者でも，自分が住む地域の歴史や特徴や固有性などを十分に知らないこともあるでしょう。

3-1　地域の歴史

　地域の歴史とは，地域の過去から現在までの出来事，地域が今の姿になるまでのプロセスです。地域の歴史はさまざまだと思いますが，特定の歴史的出来事の跡や地域に残された歴史的建造物に関わっていることも多いでしょう。歴史が古い地域では，過去に，施政者が建物・施設や街区を作っていることや，地域の一部の人が事業で富（資産）の蓄積をなした結果，地域の基盤的事業や施設等の充実を図ったあとが見られます。物品の輸送・取引中継地の機能を果たしていた地域では，地域外の人との交流の痕跡として，異なる文化や考え方との融合や衝突の跡も見られます。とはいえ，地域の歴史的な場所や象徴物について初めから多くを説明することはできません。地域の歴史の全体ではなく，とりあえず，自分が関心をもったことや自分が生まれたころ以降の出来事を中心に，地域の歴史や文化を知り，確かめておくことがよいでしょう。

3-2　地域の文化・文化活動

　一方，文化・文化活動も対象は広いです。たとえば，文化・文化活動とは，音楽・絵画・彫刻・陶芸，著作物（本，雑誌，漫画等や新聞・コミュニティ誌），映像・放送・ゲームなどのメディア，建築設計・ファッション（衣装・身の回り品・インテリア）デザイン，その他，美術工芸品，茶道，華道，舞踊，日用品等の制作活動などや，芸能とも呼ばれている歌唱や演奏，劇や踊り，祭り（祭礼）や催事などの実演活動（ライブ・パフォーマンス）です。ただし，ここでは，文化活動にスポーツ活動を含めていません。

　文化・文化活動，また，芸術・文化と呼ばれるものにも，伝統的なものと現

代的なものがあり，職業的専門家が制作する作品やその活動（職業的文化活動）を指す場合と，普通の人々が日常的楽しみとする場合（作品の発表・展示会，競技会）もあるでしょう。伝統芸能や地域の人々の生活に関わる要素が反映したもの（生活文化）や教養・娯楽的要素に関わる部分の他，産業活動，ファッション，生活様式全般に関わる部分など，文化・文化活動の捉え方は本当に幅広いといえます。

3-3　形に残っている歴史的要因・史跡

　有形物として，地域の歴史や伝統・文化を感じさせる建物・施設や，地域の象徴となる建築物（ランドマークという）などが地域の特徴となっていることがあります。たとえば，地域の神社，寺院，建物，公園・庭園などが代表です。寺院・神社や，多額の資金を投じて作られた施設があった地域は，古い時代から人々が集まっていた地理的拠点であり，そこに残されている建築物などは過去の栄華や盛衰を反映しています。地域の史跡や特定地区・街区も同様の性格をもっています。

　地域によれば，（戦国時代の地理的拠点である）城，過去の有力者や資産家の建物屋敷などがあり，それらは地域の歴史の上での権力の強さや栄華・富（そして文化集積）を反映していることでしょう。たとえば，城下町では，城（天守）の周辺に堀や壁などの城郭がある（あった）とか，街区の構造的特徴として，馬場と呼ばれる地名が残り，武家屋敷の名残（跡）がある。一部の地域では昔の領主が力を入れた茶の湯と和菓子，工芸品（茶碗，漆器，等）づくりの文化が伝統として継続していることもあります。

　また，門前町では，寺院や神社の街に共通の特徴として，山門，鳥居前町，寺や神社への（正面からの）道があり，参道（表参道）や宮前などの建物・施設や地名・呼び名が残っているでしょう。門前町や城下町だと，街並みや建物にも特徴があるでしょう。宿場町では，旅籠など旅行関連施設や食文化など（接客の文化，郷土料理）に特徴がありそうです。

　商業活動の拠点となった地域・場所としては，楽市楽座，廿日市，八日市などがあり，現在の地名にもその名残りが残っています。経済的取引が盛んだっ

た地域では，商業活動で得た財産で立てられた建物や庭園など，形のある施設も残っていることでしょう。また，外国との交流の歴史があった地域では，外国の異なる文化が反映された建物や行事や食べ物が痕跡として見られることもあります。

以上のように，多くの人に知られた（華々しい）歴史を重ねた地域では，地域の特色を反映した建物・施設が目を引くことがあると思います。しかし，それ以外のどの地域にも，現在に至るまで，さまざまな経緯を経ていると思います。地域に固有の歴史を知ることが大切です。

3-4　形のない歴史的・伝統的要因や新しい取り組み

（1）地域の伝統的な行事や生活文化

形はなくても，地域の伝統的な行事やイベントとして現在まで引き継がれていることも多くあります。それには，地域の祭礼・催事・行事（イベント）やそれ以外に地域の伝統的な生活様式や食文化，習慣などがあります。伝統工芸品や和菓子を創作するときのデザインや素材・作り方・ノウハウなども地域の特徴でしょう。生活様式等は地域の個性を反映していて，多様な歴史や伝統を受け継ぐ側面があります。

文化にも伝統的文化と現代的文化があるので，伝統的文化の要素が現在では形を変えて地域の制作活動などに生かされていることも少なくないと思います。イベントは形こそないですが，その場，その時に行われ，それらには祭り，生活文化，芸術祭などの定例的行事から，居住者が企画した小規模な催しまでさまざまなものを含みます。それぞれの地域での伝統的行事として大切にされており，市民参加度が高いものも少なくないことでしょう。

（2）伝統的祭礼・イベントの目的と内容

それぞれの地域には，昔から綿々と引き継がれているやり方があります。過去から現代に引き継がれていることを伝統と呼びますが，地域の定例行事やイベント活動ではその地域の特徴が目に見えやすくなるでしょう。伝統とは歴史をもっていることでもあります。イベントごとに，テーマや特徴があると思い

ます。地域には，季節に応じた地域の定例行事，伝統的祭礼・催事が催されているので，それぞれの目的，性格，効果などを簡単に整理・類別して見ましょう。

　祭礼とその関連行事は，(1)神様などへの祈りや自然の恵みへの感謝（安全と豊作・豊漁祈願など）の気持ちを示すもので，厳かで清らかな心を抱き，世界の平和や無災害，疫病の抑止・退散などを祈る祭祀が多いでしょう。また，(2)家族・親族単位でなされる先祖への祈りや家内安全，無病息災，(3)その他に，個人や組織のレベルにおける幸福・金運・商売繁盛など各種目標・願望の達成を祈る姿や形式にも地域の特徴があるかもしれません。

　また，伝統的祭礼についても，年に一度の定例的・日常的催事を行うものと，観光客を意識したイベントとしての見せる催事や行事にわけることもできるでしょう。(1)居住者のための伝統行事・イベントという性格が強い場合，その地域に居住する者・地域関係者が主導して行う形となります。一方，(2)地域外の人の来訪を意識したイベントの場合，実施の中心は地域の人たちでしょうが，地域外の人を引きつける（集客する）狙いがあるので，地域観光推進事業という要素と結びつき，行事・イベント企画の魅力を高める仕掛けや取り組みの要素も多いでしょう。このように，行事や祭礼の形態としても，地域内外の人との交流の程度や，地域外の人の① 見学，② 参加，③ 競技などの程度により，その内容・特徴・性格が分かれてきます。

　地域内外の人に参加してもらう，来て見てもらうという催事も，催事の形，内容，規模はさまざまです。継承されている特徴ある文化的活動の形態と人々の気質にも変化を感じます。地域固有の伝統文化，たとえば，東北地方のねぶた祭り，京都の祇園祭り，岸和田のだんじり祭り，東京浅草の三社祭りなどは地元の祭りでありながら，地域以外からの集客も狙っているのでしょう。いくぶんか，競技の要素が入った例として阿波踊り，よさこいソーラン節，沖縄のエイサーなどがあります。

　地域の行事やイベント活動といっても，地域にとっての刺激・活性化が強く意識されていて，来て見てもらうだけでなく，地域内外の人に参加してもらうという側面もあります。地域固有の催事の魅力や，通常は経験できない行事へ

の地域外の人の参加を得ることで参加者や訪問者が増えるとともに，催事を継続する上での人手不足を補うことに結びつけるなど，催事開催の形式や方法も時代とともに，少しずつ変化しているのかもしれません。

（3）祭事やイベントの開催と課題

　祭事やイベントの事業規模が大きくなり，自治体（都道府県や市区町村）がそれらの実施主体となることもあるし，祭事やイベントを開催する組織や団体が自治体と連携することもあります。一方，居住地区やコミュニティ・レベル（町内・自治会，連合自治会など）が主体となる小規模事業もあるでしょう。

　催事の準備と実行を通じて，地域住民の絆を強めるし，地域文化の振興や意識の高揚もあるでしょうが，実施費用負担や参加のための準備・練習の負担が重いという側面も生じているかもしれません。催事に関する地元地域住民の担い手が減少し，地域外の人のイベントへの参加という形で，人手不足への応援を仰ぐ地域もみられます。誰のために，何のために，イベントを行うかを検討する必要もあるのです。

4　地域らしさ

　地域固有の特徴を感じる要因や理由，または自分の街らしさ（地域らしさ）とは何でしょうか。地域らしさとは，一面では，そこに住んでいる人（居住者）や，そこに住んでいた人（出身者等）が自分の意識や記憶の中にある風景（地形，建物，街並み，街角，近郊の広がり，駅前，中心地など），特産物，食べ物，におい（海の潮風や樹木・植物や食べ物の臭い）などについて，イメージしているものです。それらを見たとき，食べたとき，これこそ，「この地域のもの（特徴）」，「地元に帰ってきた」と当事者が納得することがらが地域らしさと表現されているでしょう。ときには，その人の思いこみが強すぎて，心に描いたふるさとの状況や光景と，現地で見るその姿のギャップに落胆し，失望することがあるかもしれません。

　地域独自の空間が，歴史や文化を反映していることや，他地域にない要素を

　食材や調理法，食べ方など食文化は地域によりさまざまな特徴があります。地域ごとに入手できる農産物，水産物，畜産物（野菜・果物や魚介類，肉類）などの食材の違いもあるし，また，地域ごとに立地も気候も違うので，調理方法も多様です。食材を生で食べることが多いか，熱を入れ調理するか，調理する際，元の食材の形を残すか，すりつぶし成形するか，汁物（スープ）にするなど原型が残らないかなど，調理の方法や仕上げ方，手順の違いがたくさんあります。また，食べ物の味付けの考え方も多様です。食材の元の味を楽しむかどうか，調味料を加えるとしても，しょうゆ，みそ，だし，塩，酢などの種類と配分は地域により，家庭や個人により，さまざまでしょう。その他，食材の組み合わせ方など，食べ物に関わる地域差は無数にあります。

印象づけることもあるでしょう。あるいは，他の場所と違う独特の外観や雰囲気などを訴求する側面もあります。

　別の側面として，来訪者や旅行者の目で見ると，当地の地域らしさはテレビや雑誌等やマスメディア報道で見たとか，人から聞いた情報に基づき「訪問者が独自（勝手）に期待するイメージ」といえるかもしれません。マスメディアの一部には，それぞれの地方の特産品などについて，本物・実物を知らないで，報道拠点がある大都市の生活者の視点からみたイメージを番組や記事や画像で伝えることがあります。報道内容（コンテンツ）を作る大都市生活者が身近に手にしている市販品や定番品以外の（各地では日常にあるかもしれない）鮮度の高い産品や珍しい物を一括して「地域の品」と表現することもあります。報道される内容や地域外部者が抱くイメージは，その地域に住む人の実感と大きく食い違うこともしばしばあります。正しい理解を広めるためにも，各地域の人々は地元の特徴や魅力を地域外部の人にもわかりやすい言葉や表現で説明し，アピールすることが重要になると思います。

　訪問来訪者や旅行者の目でみると，地域らしさとは，その地域に実際に行って自分が見たことや感じた体験と記憶に基づく印象であるし，その地域に行く前に期待した風景や特徴，「思いこんだ事柄」も「地域らしさ」に結びついているのです。

　ところで，関西弁，東北弁，九州弁など広域的に使われている方言（アクセ

ント，なまり）は食文化と同様，他地域との違いや，地域の個性を感じさせる要因です。たとえば，関西弁には，用語の第2音節を強めに発音する表現が独自の特徴であり，全国的に見ると独特の響きをもち，固有の印象を与えます。細かく見ると，国内の多くの地域に大なり小なり方言が存在しています。方言はそれにどれほど慣れ親しんでいるか，どちらを好む（気に入る）か，という次元の話です。それは優劣や善し悪しでは決してないのです。現在では，方言は地域らしさの象徴といえるのです。

練習問題

1　自分が住む地域や自分が関心をもつ地域の特徴を説明してください。
2　自分が居住する地域または自分が活動する地域の「地域らしさ」を3つあげてください。
3　自分が住んでいる地域の歴史やその特徴と地域の文化的特徴を1つずつあげて説明してください。

地域の人口規模と人の暮らし

　地域の規模は人口と面積の両方からみることができますが，第4章で
は主に地域と人口規模の関係に着目して説明します。統計を使って説明
するので，ここでいう地域は地方自治体として捉えています。

1　地域の規模と人々の生活形態

1-1　市と町村の数と定義

　日本の地方自治体の基本的単位は都道府県や市区町村です。市区町村を基礎
自治体と呼びます。表4-1に示された通り，日本の市町村の総数は1995（平
成7）年3月末では3234でしたが，2005年2217，2015年1719と大きく減少しま
した。表には示していませんが，1999（平成11）年から2006（平成18）年まで
の7年間で市町村数は3232から1727と半減近くになりました。それは「平成の
大合併」があったためです。2019年12月末現在，日本の市町村数は，市792，
町743，村183，合計で1718です。[1]

　では，市と町・村とはどのように区別されているのでしょうか。日本では
「市」の制定手順として，居住人口（住民票登録者数）5万人以上の地域から
「市」となる申請があれば，国がその地域を「市」と認定します。[2]主に人口数
が市と町村を区分する基準です。市の定義は国により違っています。アメリカ
では原則として人口2.5万人以上の地域を市（city），人口2.5万人未満の地域を
町（town），村（village）と定義しています。[3]

　「平成の大合併」ブーム後の現在でも，市町村の合併を促進するため，5万

表4-1　人口階層別にみた市数の推移

単位：件

人口階層	1985	1995	2005	2015
3万人未満	53	68	68	91
3万人〜5万人	179	156	182	181
5万人〜10万人	216	220	249	258
10万人〜20万人	105	115	141	152
20万人〜30万人	39	41	40	37
30万人〜50万人	39	43	45	43
50万人〜100万人	10	11	14	17
100万人以上	11	11	12	12
市総数	652	665	751	791
町村総数	2,602	2,571	1,466	928
（うち3万人以上の町村数）			(90)	(65)
市町村総数	3,253	3,234	2,217	1,719

出所）総務省統計局『平成27年国勢調査』ほかから作成。

人に達してなくても3万人以上で「市」と認定する時期が続いています。他方，[4]
人口が5万人以上でも市となる申請をせず，「町」や「村」のままの地域もあ
ります。2020年4月時点でみると，広島県安芸郡府中町5.2万人，愛知県知多
郡東浦町5万人などは人口が大きな「町」です。

　このように，町村は原則，人口規模が少ないことをいいますが，それは田舎
とは限りません。他方，「市」であっても，「田舎の印象」が強い地域もありま
す。人口規模の基準だけから都市と田舎を機械的に区分すると，実態の理解を
間違うことがあります。

1-2　日本の大都市と都市部

　日本には，横浜，大阪，名古屋を筆頭に人口50万人以上の政令指定都市が20
あり，東京特別地区（東京都区部）を合わせると合計21となります（それらの
都市名と人口等は表4-2に示しています）。また，2015年4月以降，人口が約20
万人以上の都市で，政令都市を除いた都市を中核市と呼んでいますが，中核市
の数は2020年4月1日現在で60都市です（表4-3を見てください）。なお，中
核市とは別の視点で，札幌，仙台，広島，福岡を「4大地方都市」と呼んでい
ます。これらの都市は政令（指定）都市であり，日本の「地方」を代表する都

表 4 - 2　特別地区・政令指定都市：2020年

単位：万人，人

	都市・地区名	人口	人口密度			都道府県	人口	人口密度
1	東京特別地区	930.2	14,957	参考		東京都	1,394.2	6,355
2	横浜	374.9	8,565			神奈川県	920.0	3,808
3	大阪	274.0	12,162			大阪府	882.3	4,631
4	名古屋	232.8	7,129			愛知県	755.3	1,460
5	札幌	197.0	1,757			埼玉県	733.7	1,932
6	福岡	159.3	4,637			千葉県	627.9	1,217
7	川崎	152.3	10,702					
8	神戸	153.0	2,734					
9	京都	146.6	1,771					
10	さいたま	130.8	6,015					
11	広島	119.9	1,323					
12	仙台	109.0	1,386					
13	千葉	98.0	3,607					
14	北九州	94.0	1,912					
15	堺	82.8	5,526					
16	新潟	79.7	1,096					
17	浜松	79.2	508					
18	熊本	73.9	1,894					
19	相模原	72.3	2,198					
20	岡山	72.1	913					
21	静岡	69.1	490					

注）人口密度は，人口／面積の値。2020年4月1日の数値。
出所）https://uub.jp/rnk/p_j.html および東京都総務部統計部『東京都の統計』ほかから作成。

市と見なされています。

1-3　地域・都市の規模と密度

　人口200万人超の都市を大都市と呼ぶとすれば，表4-2からもわかるように，日本には東京特別地区，横浜市，大阪市，名古屋市の4つの大都市があります。[5]政令都市は，人口規模で区分されます。しかし，都市により地域の空間的広さ（面積）が違うので，人口を面積で割った人口密度（人口密度＝人口／面積）で考える方が，人の密集度や人口集中地区の状況など居住条件からみた都市的要素を比較する上では望ましいといえます。

　表4-2には，政令都市の人口密度を示しています。東京特別地区，大阪市，川崎市の人口密度は高く，静岡市，浜松市，岡山市の人口密度は低いとわかり

表 4 - 3　中核市

単位：万人

	都市名	人口		都市名	人口		都市名	人口
1	旭川	36.1	21	甲府	19.3	41	西宮	46.5
2	函館	30.5	22	横須賀	43.2	42	奈良	36.6
3	青森	31.2	23	富山	42.1	43	和歌山	39.4
4	八戸	23.1	24	金沢	44.3	44	明石	29.3
5	盛岡	30.1	25	福井	26.6	45	倉敷	43.0
6	秋田	31.2	26	長野	35.9	46	福山	37.5
7	山形	25.4	27	岐阜	41.0	47	鳥取	19.4
8	福島	29.4	28	豊田	34.1	48	松江	20.6
9	郡山	32.7	29	岡崎	33.7	49	呉	23.9
10	いわき	36.1	30	豊橋	35.3	50	下関	30.1
11	宇都宮	42.7	31	大津	32.4	51	高松	33.1
12	前橋	31.9	32	高槻	35.7	52	松山	46.1
13	高崎	36.5	33	枚方	40.8	53	高知	32.2
14	川越	33.1	34	寝屋川	23.8	54	久留米	30.6
15	越谷	32.6	35	豊中	38.9	55	長崎	43.9
16	船橋	55.0	36	吹田	37.4	56	佐世保	26.1
17	柏	38.1	37	東大阪	51.5	57	大分	42.7
18	水戸	27.1	38	八尾	26.9	58	宮崎	30.0
19	川口	57.8	39	尼崎	46.3	59	鹿児島	53.7
20	八王子	58.0	40	姫路	46.4	60	那覇	31.6

注）人口20万人以上の都市で申請手続き。2020年 4 月 1 日の数値。
出所）総務省と各市のホームページから作成。
　　　https://uub.jp/rnk/sei_j.html

ます。

　次に，表 4 - 4 には，東京都23区と大阪市24区の区別の人口を示しています。表 4 - 4 から， 2 つの大都市でも区別にみると，人口分布には濃淡があるとわかります。つまり，都市や地域の比較をするとき，何を調べるかをあらかじめ考えておくことが大切です。

1-4　年齢別の居住者人口構成

　日本全体の年齢構成について，2019年の全国平均値では15歳未満人口が12.0％，15～64歳人口が59.3％，65歳以上人口が28.7％（うち，75歳以上人口が14.9％）です（付表参照）。

　15歳未満人口とは，日本での義務教育年限までの人を中心とする年齢層の人

表4-4　東京都区部と大阪市の区別の人口
2017年1月1日

単位：万人

東京都区部	930.3
千代田区	5.98
中央区	14.96
港区	24.9
新宿区	33.8
文京区	21.4
台東区	19.4
墨田区	26.5
江東区	50.7
品川区	38.3
目黒区	27.4
大田区	71.7
世田谷区	89.3
渋谷区	22.2
中野区	32.5
杉並区	55.9
豊島区	28.4
北区	34.5
荒川区	21.3
板橋区	55.7
練馬区	72.4
足立区	68.1
葛飾区	45.7
江戸川区	69.2

大阪市	272.5
北区	13.3
都島区	10.7
福島区	7.6
此花区	6.6
中央区	9.8
西区	10.0
港区	8.1
大正区	6.4
天王寺区	7.9
浪速区	7.3
西淀川区	9.6
淀川区	18.1
東淀川区	17.6
東成区	8.3
生野区	12.9
旭区	9.1
城東区	16.7
鶴見区	11.1
阿倍野区	10.9
住之江区	12.1
住吉区	15.3
東住吉区	12.6
平野区	19.4
西成区	10.97

出所）『特別区の統計』第37回，公益財団法人，
特別区協議会。平成29年版，17頁。『大
阪市の推計人口年報』平成30年。

数です。15～64歳の人数は，国際的に，生産労働力（年齢）人口と呼ばれてい
ます。今の日本では15歳から働く人は多くないですが，労働力人口は，収入を
稼ぐ人の数に関わる統計での就労者数の基本的指標となっています。そして，
65歳以上の年齢の人が高齢者です。[6]

　なお，付表には，2019年の都道府県別に見た居住者の年齢別の人口構成比率
を示しています（205頁参照）。付表をみると，15歳未満人口が14％以上なのは
沖縄県と滋賀県だけです。15～64歳人口が61％以上なのは東京都，神奈川県，
愛知県，沖縄県，埼玉県です。65歳以上人口が25％未満なのは沖縄県，東京都，

愛知県，神奈川県です。

1-5　人 口 変 動

　ある地域から別の地域に人が移転すること（住民票の移動）を転出，別の地域からその地域に人が移転してくることを転入と呼びます。地域の人口変動は，出生者数と死亡者数の大小関係（それを自然変動と呼びます）と，転入者数と転出者数の合計（それを社会変動と呼びます）で決まります。算式で示すと，次の通りです。

$$人口変化（人口変動）＝出生者数 － 死亡者数 ＋ 転入者数 － 転出者数$$

　2020年 4 月時点では，沖縄県を除いて，出生者数よりも死亡者数が多く人口の自然減少が続いています。社会変動は，人が居住地を変更したことによる人口変動ですが，社会変動では，東京圏や一部の大都市でのみ移入が多く，表 4 - 5 からわかる通り，それ以外の地域では転出状態が続いています。東京圏への人口流入が止まらない状態に対処するのが地方創生法でした。[7]

　なお，生まれ育った地域から別の地域に移転した後，再び元のその地域に戻ることをUという文字の形にたとえて，Uターンといいます。生まれ育った地域から別の地域に移転した後，再び生まれ育った地域の方向にいくぶんかは戻るが，生まれ育った地域にまでは戻らない形で移転することをJという文字の形になぞらえて，Jターンといいます。また，生まれ育った地域や長らく滞在した地域から，生まれ育った地域などとは無関係の地域に移転することを（Iという文字の一方通行のイメージで）Iターンといいます。現在では，数カ月間でも移転して住むことを移住と呼び，同じ地域に長らく住むことを定住と呼ぶことが増えています。

1-6　世 帯 構 成

　配偶関係・血縁関係で結びついた人の集団は家族（family）ですが，それぞれの事情や年齢に応じて，実際には家族が別々に暮らすことも珍しくないでし

日本全国の地域圏別に見た人口構成比率の長期的な推移を確認してみましょう。表4-5を見ると，約100年前から関東圏への集中が進んでいます。1920年から2018年の間に，関東圏は20％から34％へ，九州・沖縄地域は16％から11％へ，近畿は15％から16％へ，東京圏は14％から29％（うち東京都は7％から11％）へと推移しています。東京圏との対比でみると，かつては九州・沖縄地域の人口は東京圏の人口より多く，九州・沖縄地域はその後，段階的に減少してきたとわかります。

表4-5　東京圏集中の推移

単位：％

	1920	1930	1940	1950	1960	1970	1980	1990	2000	2010	2018
全国	100.0	100.0	100.0	100.0	100.0	100.0	100.0	100.0	100.0	100.0	100.0
北海道	4.2	4.4	4.5	5.2	5.4	4.99	4.8	4.6	4.5	4.3	4.2
東北6県	10.4	10.2	9.8	10.8	9.98	8.7	8.2	7.9	7.7	7.3	6.9
関東圏	19.9	21.4	23.1	21.9	24.6	28.4	29.8	31.2	31.9	33.3	34.3
うち東京圏	13.7	15.5	17.5	15.7	19.1	23.2	24.5	25.7	26.3	27.8	28.9
うち東京都	6.6	8.4	10.1	7.5	10.4	10.99	9.9	9.6	9.5	10.3	10.9
北陸3県	3.7	3.3	3.0	3.3	2.95	2.7	2.6	2.5	2.5	2.4	2.3
新潟，山梨，長野	7.0	6.6	6.1	6.4	5.6	4.9	4.6	4.4	4.4	4.2	4.1
静岡と東海3県	10.3	10.4	10.5	10.7	10.8	11.4	11.4	11.5	11.6	11.8	11.9
近畿6府県	14.6	15.3	16.4	13.95	15.0	16.8	16.7	16.5	16.4	16.3	16.3
うち関西圏	12.0	12.9	14.2	11.7	13.0	14.9	14.8	14.7	14.5	14.4	14.4
中国5県	8.9	8.3	7.8	8.2	7.4	6.7	6.5	6.3	6.1	5.9	5.8
四国	5.5	5.1	4.6	5.1	4.4	3.8	3.6	3.4	3.3	3.1	2.97
九州・沖縄	15.6	14.97	14.3	14.5	13.8	11.6	12.0	11.7	11.6	11.4	11.3

注）国勢調査による人口で，各年10月1日現在の値。1950, 1960, 1970年は沖縄県を含まない数値。東京圏は東京都，千葉県，埼玉県，神奈川県。東海3県は愛知県，岐阜県，三重県。関西圏は大阪府，京都府，兵庫県，奈良県。

出所）総務省統計局編「人口推計／長期時系列データ　我が国の推計人口」から筆者作成。

ょう。一方，住居・生計をともにする人の集団，または一人暮らしの人などを生活者の基本的な単位とみなして，世帯（household）と呼びます（世帯は，経済学や国の統計では「家計」とも呼びます）。

　図4-1には，世帯構成の推移を示しています。日本全体の世帯構成は，1975年から2017年において，「夫婦のみ」世帯が11.8％から24.0％へ，「単独」世帯が18.2％から27.0％へ，「夫婦と未婚の子」世帯が42.7％から29.5％となっています。また，「ひとり親と未婚の子」世帯が4.2％から7.2％，「三世代」

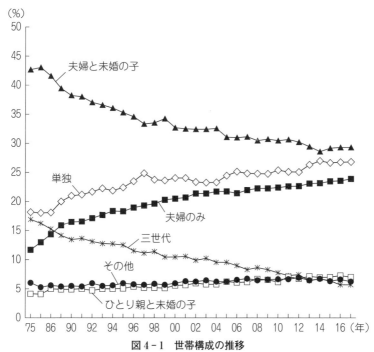

図 4 - 1　世帯構成の推移

出所）厚生労働省『厚生労働白書』平成30年版から筆者作成。

表 4 - 6　1 世帯当たり人員の推移

単位：人

	東京都区部	大阪市	新潟市	福岡市	日本
1920	4.76	4.76	5.47	5.27	4.99
1930	4.99	4.70	5.65	5.32	5.07
1940	4.72	4.74	5.82	5.17	5.10
1950	4.29	4.58	5.54	4.57	5.02
1960	3.82	4.41	4.93	4.12	4.52
1970	3.09	3.65	4.02	3.29	3.73
1980	2.58	3.23	3.46	2.74	3.25
1990	2.38	3.03	3.22	2.52	3.01
2000	2.13	2.68	2.85	2.24	2.70
2010	1.97	2.44	2.60	2.07	2.46
2015	1.93	2.40	2.52	2.01	2.38

注）1950年の日本の値には，沖縄県を含まない。

出所）大都市統計協議会編集『大都市比較統計年表』平成28年，36-41頁，
　　　厚生省人口問題研究所編『人口の動向』2019から筆者作成。

世帯が16.9%から5.8%，「その他」世帯が6.2%から6.5%です。「単独」世帯と「夫婦のみ」世帯が徐々に増加してきています。

　表4−6には，日本の4都市の世帯当たり人員の長期的な推移を示しています。2015年の値を見ると，世帯当たり人員は日本全体では2.38人，東京は1.93人，大阪は2.40人などです。単独世帯が多い都市・地域ほど，数値が低くなると解釈できます。

2　地域と生活

2-1　居住地と生活圏

　人は，ある場所（1つの地域）に住み，その地域を中心として生活しています。人の生活は，立場や年齢に応じて内容や様式が違います。幼児と退職者を除いた人の日々の生活は，就学・就労を基本として，その他，個人的な楽しみ，集団的な楽しみからなっているといえます。個人的・集団的な楽しみとは，文化・イベント活動，教養・娯楽，人との交流，その他の楽しみ方（店舗での飲食，買い物，レジャー施設，旅行，読書，スポーツ，ゲーム，その他の遊び方等）などでしょう。人は生活に必要なお金を得るために働き，収入を得ます。一方，就労して得た所得に基づき，生活に必要なものや生活に関連するものを購入・消費します。お金の受け取りや支払いに関わる行動が，どれほどの地域範囲に及ぶかは人によりさまざまです。

　人の生活を時間の側面から見ると，睡眠や入浴等の時間を除くと，仕事や学習の時間とそれ以外の時間として，食事や身の回りの整理，趣味や余暇の楽しみ（家事や自由時間を過ごす，自分の好きなことを行う）などとなるでしょう。それとは別に，生活の楽しみは家族を含む人との飲食，買い物，イベント活動，旅行，趣味（文化，スポーツ）などだと思いますが，それ以外のことに充てる時間や非日常的活動（年間定例行事や祭りなど）も生活の営みの一部として大切かもしれません。

　それぞれの人がさまざまな活動や好きなことに時間を費やすため，人が日常的に活動する空間的範囲は，人々の生活基盤となる住居を中心に，居住地の周

辺地区に広がっています。個々人の暮らしにおける活動範囲を，その人の「生活圏」と呼びます。それは，その人が居住している場所から何らかの活動を行う場所・地域に移動するという意味での地理的・空間的範囲となるでしょう。たとえば，学校への通学の距離と活動範囲は年齢とともに長く，広くなることもあります。また，人の通勤の移動距離と活動範囲は，どこに住み，どこまで行くかに依存します。その他，住居から出て活動する空間的範囲は，買い物，個人的な楽しみや個々人の活動の種類や特徴と関わっています。

　本書では，地域という場所や空間に関わる視点から，人の時間の使い方と活動内容や生活圏，お金の動き（金銭の受け取りや支払い）について説明しています。人々の生活には，お金を使うこともあれば，お金をほとんど使わないこともあるので，経済に関わる部分と関わらない部分からなります。人の生活圏や人の生活様式は，各人の間でまた地域間で違います。人が住んでいる地域の環境や特徴は人の活動に影響を与える面もあるでしょう。なお，地域ごとの経済活動，人口，物の動きは変動するので，地域の特徴は地域の立地や人口規模の大小だけで決まってしまうわけではありません。

2-2　夜間人口と昼間人口

　地域人口の実状を統計で見るとき，地域の範囲は都道府県や市区町村など自治体レベルに対応します。言うまでもなく，居住地とは住む場所ですが，地域の居住者数は定住・常住の人口（住民登録者数で見た「夜間人口」）で計測されます。居住者の中には，就労地・就学地と居住地が同じ自治体（都市・地域）内にある人と，就労地・就学地と居住地が異なる人がいます。居住地と就労地・就学地の地域が異なる場合，居住者は昼間に居住地域外で活動するので，居住地では，昼間の人口が減少し，夜間になると人口は回復します。文字通り「寝るだけの場所」という性格が強くなります。

　他方，職場が多い地域や大学がある地域などでは，人々が活動するために集まるので「昼間人口」が増えます。大都市圏やその周辺地域に居住する多くの人の日常生活において，住民票で見た居住地（寝る場所）と昼間の生活・活動地（就労地・就学地）が違うことは珍しくないでしょう。それらの人々は就労

表4-7　三大都市圏の昼夜間人口比率

単位：％

	通勤者	通勤者・通学者
東京都区部	163.3	129.8
さいたま	85.9	93.0
川　崎	78.2	88.3
横　浜	83.4	91.7
千　葉	94.6	97.9
名古屋	121.6	112.8
大　阪	172.3	131.7
京　都	112.3	109.0
神　戸	102.6	102.2

注）夜間人口に対する昼間人口の比率。2015年の
　　数値。
出所）『大都市比較統計年表』平成30年，から筆
　　者作成。

や就学のため，日常的に自治体の範囲（県境，市域など）を越えて移動してい
ます。

　（1）昼夜間で人口規模が大きく変わらない地域では，総数として見ると，
地域内で通学者・就労通勤者のバランスが取れているといえます。職住場所が
地域内で近接しているかもしれないし，昼間にその地域から出て行く人の数と
その地域に入ってくる人の数がほぼ同じかもしれません。

　（2）住民票を置いている（住民基本台帳に記録されている）が「寝るだけ
の場所」という性格が強い人が多い地域では，居住者が昼間はその地域外で活
動しているので，昼間人口は減少し，夜間になると就寝のため人が戻るので，
人口は回復することになります。

　（3）地域外から人々がやってきて，昼間だけ多くの人の活動の場所となる
性格が強い地域では，昼間人口は増加します。昼間だけ，居住者よりも人口が
多い状態なのです。

　表4-7には，三大都市圏における各都市での夜間人口に対する昼間人口の
比率＝昼間人口／夜間人口（常住人口）×100を示しています。一般に，昼夜
間人口比率が高いのは，昼間，その地域に就労や就学のために来る人が多いこ
とを意味しており，昼夜間人口比率が低いのは，その地域から就労や就学のた

表4-8　東京都区部と大阪市区部の昼夜間
人口比率（2015年）

単位：%

東京都区部	129.8
千代田区	1460.6
中央区	431.1
港　区	386.7
新宿区	232.5
文京区	157.5
台東区	153.4
墨田区	108.9
江東区	122.2
品川区	140.6
目黒区	105.8
大田区	96.8
世田谷区	94.9
渋谷区	240.1
中野区	95.4
杉並区	85.1
豊島区	143.3
北　区	96.7
荒川区	91.4
板橋区	90.4
練馬区	83.8
足立区	90.9
葛飾区	84.1
江戸川区	82.4

大阪市	131.7
北　区	332.5
都島区	97.2
福島区	124.3
此花区	122.8
中央区	488.4
西　区	191.3
港　区	105.4
大正区	102.4
天王寺区	158.6
浪速区	151.1
西淀川区	104.8
淀川区	129.5
東淀川区	97.1
東成区	98.9
生野区	98.6
旭　区	93.9
城東区	88.1
鶴見区	86.9
阿倍野区	110.1
住之江区	113.9
住吉区	92.6
東住吉区	90.0
平野区	93.1
西成区	103.3

注）夜間人口を100とした値。就労者と就学者に
　　ついての値。
原資料）平成27年『国勢調査報告』。
出所）『特別区の統計』第37回，公益財団法人，
　　　特別区協議会。平成29年版，34頁。『大阪
　　　市統計書』第107回，令和元年版。

めに出て行く人が多いことを意味しています。表4-7から，川崎市や横浜市
では昼間人口がかなり減少し，大阪市や東京都区部では昼間人口が増加してい
るとわかります。通学者を除いた比率と比べた結果，大阪市や東京都区部では
都市外からの通勤者が顕著に多いことと，川崎市や横浜市では都市外への通勤
者が多いことを読みとれます。
　表4-8は東京都区部23区と大阪市24区における就労・就学の両方を含めた

昼夜間人口比率を示しています。就労者で見た昼間人口が大幅に増加する東京都区部や大阪市においても，区によって昼夜間人口比率が高い区と同比率が低い区があるとわかります。就労地・就学地という性格が強い地域・地区と寝るだけの居住地という性格が強い地域・地区があることを物語っています。

　大学がある地域や街区では大学立地場所・地域の内外に住む学生が大学に登校する数だけ昼間人口が増加する好例です。1学年が1000人規模の大学であれ，1学年が5000人を越える規模の大学であれ，一日に多数の学生が集まるでしょう。日本の都市における大学数（学生数）を例示すると，東京都区部95校（51.4万人），横浜市13校（8.2万人），名古屋市22校（8.2万人），京都市27校（14.3万人），神戸市20校（6.6万人），大阪市11校（2.9万人）などです。

　就労や就学の目的以外にも，人との交流や買い物，各地訪問などがあり，こうした人が多く集まる地域では，地域の昼間と夜間の特徴や機能が変わってきます。しかし，都市・地域の統計でいう「昼間人口」とは就労者と就学者を対象とし，買い物や旅行目的の訪問者などの数を含んでいません。

3　都市と郊外

　第1章で説明した通り，地方とは，東京圏以外を指していました。一方，地域（region, local）とは，首都や地方という区分とは関係なく，すべての地理的場所・空間に関わっています。首都圏も東京都区部も1つひとつの地域から構成されているのです。では，地域に住む状況をどのように理解できるでしょうか。この場合の地域とは，東京都特別区内を含む都市部とその郊外，地方などのすべてに関わっています。

　一部の人は都市部に住み，都市部で働くとみなされていますが，都市中心部に居住するための宅地スペースは限られており，費用も高いことでしょう。そうした事情もあって，多くの人は都市の郊外（suburb）に住んでいます。都市の郊外とは，自治体別にみた1つの都市の中心部から離れた地域や自治体別にみたその都市の中心区域の外側をさします。

　都市圏での郊外居住者の多くは都市（中心）部などで働くため，通勤可能な

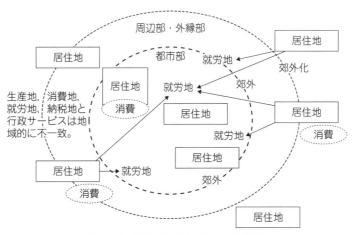

図4-2　都市部と郊外・周辺部の関係
出所）筆者作成。

距離の範囲内に住み，日々，移動しているわけです。日本では都市公共交通体系が発達しているため，郊外・周辺地域と都市（中心）部との日常的な移動者も多いのです。図4-2にイメージ図を示しましたが，大都市とそれに連なる郊外やその周辺地区（countryside），時には周辺部のさらに外側にある「衛星都市」まで日本では市街地が連続していて，見た目には都市・地域間の境目が不明なことも多いでしょう。市街地とは，住宅，商業店舗・施設，事務所，工場，その他施設が一定以上の密度で群集する地域をいいます。中心市街地は，その中でも人が集まり交流する機会や商業・業務機能が高い地域です。

　さて，地域と一口でいっても，高いビルが建ち並ぶ地区もあれば，住宅地や低層の建物が多い地区もあるし，下町と呼ばれる庶民的な場所や，農地や草地が多い地区もあります。また，一つの地域の中でも，地域の中心地と呼べる場所や商業集積地・繁華街もあれば，住宅地，オフィス街，工場地区，農業地区など，土地の利用面からみた地区別の機能が比較的に明確な場所もあります。高いビル群や高級ブランド品を販売する店が集まり，ファッション性が高い場所を都会または都会的地区と呼ぶならば，大都市のなかでも，その他都市の中でも都会的要素が多い場所・区域とそうでない場所・区域とがともに存在していると気づきます。都市内の地区別に特徴が異なるわけで，都市のすべての場

所が繁華街ではないわけです。

　三大都市圏周辺や近郊の都市に住む人の多くは，都市中心部に出て行きたいと思うと，いつでも出かけられる点を便利と考えているでしょう。また，それらの居住地は都市部（都心）よりも自然環境がよく，窮屈ではない，地価や家賃も高くない，必要なものは何でも揃うし，そこは便利で田舎ではない，と考えている人が多いのではないでしょうか。ちなみに，男子の平均通勤・通学時間は，神奈川県60分，埼玉県56分，千葉県54分，奈良県50分でした（付表参照）。

　他方，三大都市圏以外の政令都市の中には，都市圏としては少し小規模ですが，都市としての自立した機能をもち，独自の存在感が備わっている側面があります。都市機能は中心部に集約的に備わっていることが多いので，居住者は，少ない移動範囲でそれらの機能を簡便に活用し，便利で住みよいという実感をもつでしょう。その意味で，三大都市圏周辺の地域より，機能的に優れているともいえます。

　地域の魅力は地域ごとに，それぞれ違うと考えたほうがよいでしょう。地域ごとにそれぞれ生活の楽しみや魅力があるので，その地域に仕事があれば，人は住み続けたいと希望するのです。

4　人の生活と居住形態

　日本の都市圏では，郊外に住み，都市中心部に通勤する人が多数います。その背景には，都市中心部で仕事をするとともに，住宅を郊外に求めざるをえない事情もあるのでしょう。都市中心部で手に入る住宅の数が限られていますが，むしろ，都市中心部の住宅取得にかかる金銭的負担が大きいことと，居住条件として何を優先しているかいう個人的な選択基準が関わっていると考えられます。

　居住地域を外観したとき，大都市圏では，高い建物が多く，住宅も高層化されています。住宅と住宅の間隔が狭く，また，所々に都市公園と呼ばれる共有地や農地などがあります。それと比べると，郊外や田舎では，住宅と住宅の間

表 4 - 9　日本の住宅総数と構成（2018年）

単位：万戸

総住宅数		6,242
建て方	居住世帯がある住宅数	5,366
	一戸建	2,876
	共同住宅	2,334
	長屋	141
所有関係	居住世帯がある住宅数	5,362
	持　家	3,280
	借　家	1,907
	民　営	1,530
	公　営	192
	給与住宅	110
	UR・公社	75

注）居住世帯がない住宅数とは，空き家，建築中，そ
　の他である。別途，詳細が不明な住宅もあるので，
　数値の合計が一致しない。UR とは都市再生機構。
出所）総務省統計局「平成30年　住宅・土地統計調
　査」から筆者作成。

隔が概して広く，住宅に一定の広さの庭がある家が多く，住宅施設以外の所有
物や樹木などが目に入ります。戸建て住宅だけではなく，集合住宅についても，
分散して建っている印象があります。また，住宅地とは別に，農地や雑木林や
草地など，自然のままの状態の土地が多いことがあります。

4-1　種別にみた住宅の数と広さ

　日本の住宅総数は2018年において約6242万戸ですが，それには居住世帯がな
い住宅（空き家，建築中，その他）を含みます。表 4 - 9 において，2018年の
住宅のうち居住世帯がある住宅についての建て方別構成を見ると，一戸建てが
2876万戸，共同住宅2334万戸，長屋建て141万戸となります。共同住宅とは，
1 つの建物や一か所にまとまった形に集合的に居住している形式の住宅ですが，
階段，廊下，ホール，エレベーター等を共有しているもので，マンション，団
地，アパート等などです。長屋建ては，複数の住戸が 1 つの建物に集合してい
るが，住戸と住戸の間には壁しか共有物がないものをいいます。

　同じ表 4 - 9 から，居住世帯がある住宅について所有関係別にみると，持家

表4-10 政令都市における1住宅当たり延べ面積

m²

札幌市	81.36	京都市	75.19
仙台市	76.50	大阪市	62.92
さいたま市	80.06	堺市	79.39
千葉市	82.15	神戸市	77.38
東京都区部	61.02	岡山市	95.68
横浜市	63.11	広島市	80.97
川崎市	74.64	北九州市	82.39
相模原市	77.16	福岡市	65.23
新潟市	112.62	熊本市	85.29
静岡市	97.95		
浜松市	102.83		
名古屋市	76.63		

注）2013年10月1日現在の値。
原資料）平成25年『住宅・土地統計調査』
出所）『特別区の統計』第37回，公益財団法人，
　　　特別区協議会。平成29年版，301頁。

が3280万戸（61.2%），借家が1907万戸（35.6%）です。借家の内訳は，民営借家が1530万戸（28.5%），公営の借家が192万戸（3.6%），給与住宅が110万戸（2.1%），都市再生機構・公社が75万戸（1.4%）です（かっこ内は居住世帯がある住宅数に対する比率）。なお，所有形態が持ち家か借家かが不明なものも含むため，建て方別の住宅総数と所有関係からみた住宅総数とは一致していません。

　次に，居住空間の広さに注目すると，1住宅当たりの床面積は，戸建て133.0 m²，共同建物71.7 m²，給与住宅52.8 m²，公営の借家51.9 m²，都市再生機構・公社50.2 m²，民営借家44.4 m²です。また，表4-10によると，2013年で，1戸当たりの面積は，東京都区部61 m²，横浜市63 m²から，新潟市112 m²，浜松市103 m²と大きく違いました。床面積の広さは，住宅に住む人の世帯構成（年齢や人数）の違いや地価の高さ，家賃に応じても違うと推測できます。実際，住居の居住空間をみると東京都は狭いのですが，世帯状況における単独世帯の比率が東京都47%，京都府38%など，世帯当たり人数と関係するとわかります（詳しくは付表を参照）。なお，都市圏におけるニュータウン（新興住宅地）はいつ建設されたかにより，外観も広さや標準装備施設も少し

A　マンション平均価格の推移

（万円）

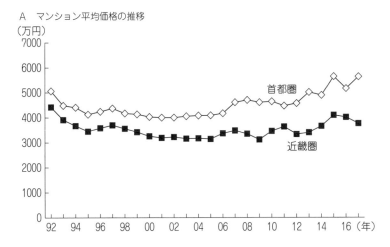

B　マンション m² 単価の推移

（万円）

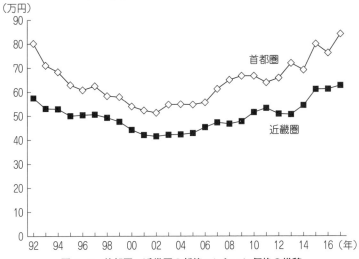

図4-3　首都圏・近畿圏の新築マンション価格の推移

注）2008年から2017年の値は第4四半期の値。

　　首都圏は東京都，千葉県，埼玉県，神奈川県。

　　近畿圏は大阪府，京都府，滋賀県，兵庫県，奈良県，和歌山県。

出所）国土交通省編集『土地白書』平成20年版，104頁，同平成30年版，22頁，から筆
　　者作成。

コラム 4 　東京都心と郊外での家賃の差

　都心と郊外では家賃が大きく違います。埼玉県坂戸市が発行している冊子「坂戸市」によると，東武東上線沿線の家賃相場は，池袋駅20.70万円，成増11.40万円，川越8.87万円，坂戸市6.61万円です（駅から徒歩10分以内の2LDK，3K，3DKの平均賃料。2019年1月25日調べ）。池袋駅との時間は成増11分，川越30分，坂戸市43分であり，移動時間が長いほど家賃は低いとわかります。

ずつ違います。もちろん，交通の便利さについては，建物が建っている場所ごとにその条件が異なります。

4-2　住宅取得価格

　また，図4-3によると，1992～2017年で，新築の住宅取得価格は，首都圏が4000～5700万円，近畿圏が3200～4400万円（m^2当たり価格は首都圏が51～84万円，近畿圏が41～63万円）でした。傾向を見ると，1992年ころは高い水準でしたが2000年頃に低い水準となり，2015年以降，再び高い水準になっています。ちなみに，表示していませんが，借家の平均家賃は東京都8.6万円，神奈川県7.0万円，埼玉県6.3万円，大阪府5.9万円と差があります。

5　都市と田舎のイメージを特徴づける要因——二項対立的比較

　以下では，ａ．人の数と密度，動きの速さ，ｂ．建物・施設の数，形，高さ，大きさ，建物の密集度，ｃ．自然の状況・自然の度合や（人工建造物や施設などがない）「何もない」空間の広がり方，ｄ．交通，買い物，飲食，生活全般などの機能や利便性など，都会と田舎の両極端の要因の量的・質的比較や特徴の違いをイメージとして書き出してみます。

（1）都市部のイメージに関わる特徴

　都市部と田舎部のどちらに住みたいかの理由は，人により違います。同じ人でも，学生時代やその直後の時期と，就労してから一定年数が経過した時点な

ど，年齢や状況により考え方が変わるかもしれません。

　都市（中心）部は，人や（高い）建物，店や客が多く，にぎやか，華やか，活気，刺激が多い側面もあります。商業機能，各種施設，行政サービス施設など，生活や活動に必要な機能や情報がそろっていて，製品・サービスの選択肢が多いでしょう。また，人や車の動きをきちんと仕分けし，人や交通手段など目に見える物の動きが多様で速い。公共交通の整備度や走行頻度は視覚的にも，利便性や整備された印象を与えます。

　商業機能が集積している場所では，華やかな外観で競い合っている印象を与えます。都市らしさとは，「おしゃれな」ビルが並び，新しくてきれいで洗練された印象を与える部分があります。一方，さまざまな活動目的のビルが無秩序にひしめき合う姿，建物間の空間がないに等しいほど狭く接近した部分や老朽化したビルが無惨な姿のまま立ちすくんでいて，新旧・高低の建物が雑然と同居している上に，広告看板が主張していて見栄えもよくない印象もあります。生活様式（服装，ファッションを含む）が洗練された部分と雑然・密集している部分が同居しています。

　以上で例示した通り，都市部には多くの機能が身近にあり，便利で住みやすいという人が多いでしょう。都市部での生活のイメージは人を惹きつける要因もたくさんあります。概括すると，第1に，徒歩や交通機関による移動やアクセスの良さです。商業施設や飲食店，学校，病院など生活関連施設に行く上で便利がよい。他の目的地に近くための交通の利便性がよい（交通網が発達していて，移動経路や移動手段も多い）。サービスアクセスの良さという点での利便性の高さは，比較的に限られた地区の中で用事が片づくことなど，人々の一日行動範囲・距離の長さ，広さ，とその移動時間などに関わってくるでしょう。

　第2に，機能や集約度の高さと選択肢の多さがあります。買い物などの商業施設や飲食店，学校，病院，イベント等の実演会場，ミュージアム，生活関連施設などが多いことや，扱い品目が豊富で選択肢が多く，安価なものから高価なものまで，単純なものから複雑で高機能のものや趣味に合致するものまで多様にあることです。

　第3に，本物の実演・実技や特別な企画イベントの開催が多いことです。た

とえば，プロスポーツ競技大会，文化・芸能の実演・実技，テーマパーク，その他各種の興行やイベントの開催が多いことです。常時実施されてないものも含めて，都市部でしか体験できないこと，開催されないことも多いでしょう。

　第4に，生活費の面として，たとえば，交通システムの料金など，一部の公共料金は安価といえるかもしれません。一方で，家賃など居住費用が高い。移動するにはお金が必要となるなど，便利がよい反面，金銭支出を必要とする機会が多くなるという側面もあります。

　このように，利便性や機能性が高い地域に人が多く住む，または多くの人が集まるという点（都市化の利益，集積の利益）が都市部の特徴です。

　それ以外の側面として，コミュニティ関係に関して，下町を除くと，隣人との関係がないに等しい。それは自由（非制約），さらには，居住者の匿名性指向や，他人の挙動に無関心と結びつきます。人間関係で煩わされない。反面，人との関係が希薄であり，あるいは関係を喪失していて，時には，とげとげしい関係ともなります。また，住宅地でも建物が建て込んでいると，「実質的な」空間が少なく，圧迫感さえ感じるかもしれません。近隣に居住する人たちとの面識も接触・交流もないことが多い。雑踏（人ごみ）に入ると疲れる人や，過密・過剰な状態に息が詰まる思いがするという人もいるでしょう。それらのことは個人的空間に（部屋の中だけで）「居住する」という基本機能に大きな問題はないでしょうが，いつも，ある種の緊張感や（疎外感とは別の）孤独感を感じる人もいると思います。

（2）田舎的イメージに関わる特徴

　田舎といっても，複数の形態があるのではないでしょうか。田舎は，農地があるかないかが基準ではないと思います。農地は東京都練馬区や世田谷区にも多いのです（都市部での農業地区と呼ぶこともできます）。

　本書では，田舎とは，基本的に人口規模が小さく，人口密度も低いとみます。そのうえで，第1の形態として，小規模な市街地があり農林漁業以外の地域密着型の産業がある地域を，本書では「A型田舎」と呼びます。また，第2の形態として，地域内に市街地と呼べる地区はあったとしても，かなり狭い地区・

コラム 5　自然と田舎

　自然と調和した暮らしには，日々の自然現象や自然の景色のすばらしさに喜びを
感じ，緑に囲まれ，水や空気がよいなど人間らしい暮らしや，ゆったりと生活する
ことを指すでしょう。身近な場所にある自然環境が豊かであることや自然条件に応
じた生活の楽しみなどを優先的に考え，それらを重視する人が選択する居住環境で
す。しかし，田舎といえども，自然環境の豊かさや放置状態の雑木林や空き地は，
地域により，まちまちだと思います。都市と呼ばれている地域でも，都市公園や一
定の緑地空間が整備されていることもあります。本章では，田舎と都市を対比しま
したが，都市と田舎と自然の関係はそれほど単純ではないことを忘れないでくださ
い。

　通りに限られていて，地域全体には農地や山林が多く，農林漁業に関わる活動
が中心となっている地域を，本書では「B型田舎」と呼びます。「A型田舎」
とは，都市の中心市街地や郊外から離れた都市周辺地区（countryside）や，地
方の小規模都市をイメージしており，「B型田舎」は農地が多い町村や農村，
山村・里山地区をイメージしています。

　田舎は，人や家や建物が少なく密集していない。未利用地が多い。建物の高
さが低い。空間が多く，空が広がって見え，人工的な建物による圧迫感を与え
ない。静かで，時間がゆっくりと過ぎていく，という印象が強い。よって，落
ち着く。のんびりできる。ゆったりできる。人との交流を求めるならば，暖か
み，ぬくもり，潤いを感じる。一方，ときには「都会にある機能」の一部しか
存在しないので物足りない，不便というと見方も出ます。目に入る空間におい
て変化が少ないので刺激もない。「何もない」という言い方もあります（その
意味は多様かもしれません）。

　利便性が相対的に低いということは，田舎での暮らしが平均水準以下の暮ら
しと言い切れるでしょうか。B型田舎など自然と調和した暮らしでは，自然の
恵みや景色のすばらしさに喜びを感じ，豊かな自然環境と人のつながりのなか
で，ゆったりと生活できる。自然条件に応じた生活の楽しみなど，人間らしい
暮らしを優先的に考え，それを実現しているともいえます。

　本節で述べた「都市と田舎のイメージを特徴づける要因」は，筆者が抱いて
いる地域の特徴の両極端のイメージ（感覚的印象）を表現したものです。どち

らかがよいとか悪いという話ではなく，地域の特徴を説明するときに使われる表現の例示です。主観的要素も多く入ります。印象や評価の基準は，機能の多さを要望する人と自然環境要因を好む人とで大きく分かれます。自然が多い点や，さまざまな機能やサービスがある点とともに，目に見える人の数が多い地域に相性が合う人もいるし，合わない人もいると思います。

　なお，田舎は居住者人口の面では小規模ですが，田舎と寂れは同じではありません。田舎は寂れていると決めつけるのは間違いです。都市の中にも，活力を感じない地区は多くみられます。田舎と呼ばれる地域の中でも目標に向かい，いろいろな活動を積極的に行う人もいるし，組織もあります。特産品の販売や地域固有の活動を行い，活力にあふれる地域もあります。人口が少なくても，活力にあふれる地域は少なくありません。地域全体の状況が寂れ，活気がないことや変化が少ない点については第11章で検討します。

練習問題

1　都市と田舎の違いは何だと理解しましたか。
2　都市・田舎と区分したとき，都市と地域，田舎と地域の関係を説明してください。
3　自然な状態が多いことと田舎とは同じでしょうか，違うのでしょうか。違うとすれば，どこが違うのでしょうか。

注
1）総務省ホームページ広域行政の欄による。
　　https://www.soumu.go.jp/kouiki.kouiki.html.
2）地方自治法第8条には市街地に居住する人の比率など，それ以外の条件も含まれていますが，ここでは省略しています。
3）*2017 County and City Extra*, Berman Press, 2018, p. vii による。
4）人口が3万人未満となっても，現在はそのまま「市」を続けることができています。
5）世界の大都市（人口200万人超と筆者が定義した場合）は，2015年時点で149都市でした。日本4，米国4，中国38，インド13などです（『2016データブック　オブ・ザ・ワールド』二宮書店，2016年，50-51頁）。
6）日本で高齢者とみなす基準は65歳以上を基本に，いくつかあります。一方，自営業者には関係しませんが，日本の被雇用者に関する「定年」と呼ばれる雇用契約制度での退職年齢は60歳や65歳などが多かったですが，2020年現在，さまざまな組織で定年を70歳まで引き上げることが検討・実施されています。
7）表4-5に示したとおり，東京圏である1都3県（神奈川，千葉，埼玉）に34.3%

（2018年）と人口が集中しています。東京23区（特別区）では人口の 7 ％です。

8）田舎の定義として，アメリカでは，居住者が 5 万人未満の地域である点と，都市部に近接せず都市部から離れた地域という 2 つの条件が代表的定義だと思います。欧州では，都市部から離れた地域・場所と，周辺や外れという定義・見方が多いように思われます。総合的にみると，人口数，人口密度，都市中心部から離れている地域という 3 つの条件です。

第5章

地域の経済と産業活動・企業の関係

第4章では地域の人口と人々の生活基盤・生活環境についてみました。
第5章では，地域の経済とは何であり，民間企業を中心とした産業活動
が地域経済に及ぼす影響についての基本的な説明を行います。地域には
産業活動が活発な地域とそうでない地域があることを理解します。

1 経済社会と地域経済

1-1 社会と地域経済

　本書でいう社会とは，人と人が関わるさまざまな関係のことであり，人や組
織が活動する空間です。人と人が顔を合わせ，または意見を交わし，何らかの
活動や交流を行う場が社会です。また，すべての人が社会や組織の一員として，
仕事やさまざまな活動などにおいて一定の役割を担っています。

　経済は，人々の生活水準が向上するための財やサービスを提供することであ
り，金銭的要因を伴って，財・サービスを供給する仕組みやそれらを購入する
決定（消費・投資）などの活動からなります。経済活動は財（農林水産物，素
材，製品）やサービスを生産し販売（サービス提供）することでもあります。
生産活動は生活を支える物品・サービスや機械設備など社会が必要とする物
品・サービスを生み出すことです。（非就労者を除き）人々は就労してその生
産活動や販売活動に関与することで収入を得て，その収入をもとに生活に必要
なものやサービス，自らが欲しいものやサービスを購入しています。生活に必
要なものを購入・購買する行動が消費です。家計にとり，労働を提供して収入
を獲得し，物品やサービスの生産と消費を行うこと（供給と需要）が経済活動

コラム6　経済という言葉の由来

　経済とは，「経世済民」という言葉に由来する言葉です。経世とは，世の中をうまく治めることであり，済民とは，民，すなわち人々が豊かな生活を送れるように支えることを意味します。経済学でいう政府は，国民から税金を徴収し，そのお金で，人が個々別々には対処できないが，人々が必要とする社会的な基盤（道路や橋や公共施設など）を整備・構築し，さまざまな行政サービスを適切に提供する組織です。

の基本形態です。企業は家計部門の労働力を使い（購入し），財やサービスを生産し販売します。生産に必要なものを購入する行動が投資です。政府は家計と企業から税を徴収し，サービスを提供します。また，その背景にある法制度の整備や政府部門の政策などを担います。

　地域経済とは，一定の地理的範囲内での経済活動の状況をいいます。地域経済に関して手に入る情報の多くは，個々の事業者・企業の活動に関わることや，地方自治体が行政サービスを行っている地理的範囲内に関係することでしょう。

　本書では，地域経済を，地域に住む人々や地域で活動する人々の生活に関する生産・販売と消費に関わる活動と捉えています。一国経済は家計，企業，政府の3部門の活動から見ていきますが，それは地域経済では，①家計，②企業，③地方自治体などの3部門に対応します。部門ごとに物品やサービスの供給（提供）と需要に関わる活動をしています。

　①家計は世帯ともいい，1つの住居に住む人々を単位と考えます（個人の場合は単独世帯と呼びます）。日本の需要の約6割は家計消費からなっています。家計は消費行動の主体であると同時に，労働力提供の主体です。②企業は社会が必要とする財やサービスを生産し販売します。企業の活動は地域に住む人々の従業と関わります。③地方自治体は行政サービス提供に必要な施設・基盤やシステムを整備し，行政サービスを提供しています。地方自治体も消費や投資をします。

　経済学では，家計の行動を労働力提供（または自己雇用）と消費に関わる満足度などの基準で理解し，企業は財やサービスの生産と販売を通じた利益の獲得・採算性の確保を中心に活動していると理解しています。また，政府部門は

財源に制約がある中での公平重視の画一的サービス提供を基準としているとみなしています。

　地域経済活動の活性度や，企業の存続の見通しは地域内外からの購入額と関わり，それは，地域の人口規模，居住者の消費支出総額（または地域需要規模）など，さまざまな要因に依存しています。第5章では，個人事業者や企業による生産・販売活動を取り上げます[1]。また，人々を雇用する企業・組織の活動の特徴と自治体サービスの特徴を簡単に説明します。

1-2　営利の組織と非営利の組織

　企業は，財・サービスを提供する（販売する）際に対価を受け取ります。企業は，事業を行い，事業費用以上の収入の獲得，つまり利益を得るために活動しています。営利を追求する企業は，事業を通じてえた収入が事業を行うためにかかった費用を上回ることが採算性を満たすうえで重要となります。

　一方，利益を生み出すことを期待できないが，社会全体にとって必要な，つまり，人々が生活し，企業や組織が活動していく上で必要な機能やサービスを提供する政府部門や非営利組織が存在しています。特定の個人や組織の利益ではなく，大多数の人や組織の生活・生産活動を円滑にするための機能やサービス，または社会が必要とするサービスを提供しています[2]。

　社会のメンバーである個人や組織は政府部門が提供する行政サービスを必要としますが，地方自治体が提供するサービスでは，サービス提供に要した費用を上回る事業収入の獲得を必ずしも期待できません。その事業運営費を公的資金（税金）でまかなう仕組みです。政府部門は事業的採算基準を必ずしも最優先しない形でサービスの提供を行っています。住民が各種の証明書を作成する際の行政手続き手数料は代価ではありません。

　なお，公益事業と呼ばれているサービス産業では，電気やガスなど社会的に必需と見なされるサービスを民間企業が提供しています。そこでは，社会に必要となるサービスを提供するための基盤施設を維持するだけの収益を上げることを社会的に認める考えが基本となっています。

```
コラム7  営利事業会社
```

　営利事業会社の形態として，法人企業，非法人企業，個人事業主（自営業者）などの形態があります。法人とは，個人に対応して活動組織に人格権を与える法律的な概念です。株式会社，LLC（合同会社または有限責任会社，limited liability company）などの組織になることで法人格をもつことができます（法人格は法務局に組織の登録をすることで得られます）。他方，LLP（有限責任事業組合，limited liability partnership），民法組合（任意団体）は法人格をもっていません。法人化とは，組織の法的性格を，個人事業ではなく，株式会社等にすることです。

　会社が倒産した場合の事業赤字分の返済責任が生じた場合を考えます。資金出資との関係でいえば，法人格をもつ組織では，出資者には出資した金額を上限とした責任が生じます（それを有限責任と言います）。法人格をもたない組織では，当事者が拠出・出資した金額とは無関係に，事業が生んだ負債（欠損）の全額を返済する義務が生じます（無限責任）。課税面では，利益（課税所得）が生じた場合，法人格をもつ組織では法人税が適用され，法人格をもたない組織では，利益と無関係に，組織の代表者に対して個人所得税が適用されます。また，法人格をもつ組織と法人格をもたない組織とでは，事業活動の面で，企業間取引時での取引資格，認知度や信頼度などや金融機関からの資金調達の条件，税務上の経費処理ができるかどうか，課税の方式などが違います。

　なお，法人には，会社等の営利法人以外にも，宗教法人，学校法人，医療法人，社会福祉法人，各種の財団法人，社団法人などの非営利法人のほかに，特定非営利組織法人（NPO法人）があります。その他，日本では，事業開始年を創業年，法人化した年を設立年と呼んでいます。

1-3　非営利組織（NPO）が果たす役割

　非営利組織は，営利追求ではなく，組織に固有の活動目標の達成を目指しています。一部の組織は，不利な状況にある他者や社会状況の改善を目的として，社会の利益を重視した活動目標の実現を目指しています。非営利組織が独自の観点から提供するサービスは，部分的には，政府部門のサービスが届かない領域や地域でのサービスを補完または補充しています[3]。非営利組織にも2つの形態があります。(1)伝統的形態として，文字通りの非営利組織（non-profit organization）は，事業を行うためのすべての資金を組織外部からの資金（社会からの寄付金や国や自治体からの補助金）でまかなっています。一方，(2)利益追求を第一目標としない非営利組織（not-for-profit organization）は，事業運営に必要な資金を安定的に確保するため，総収入に占める一定割合の範囲内で独自収

図5-1　経済部門と運営資金の関係

出所）筆者作成。

入を獲得する事業を行います（このような組織を社会的企業とも呼びます）。
そこでは，利益追求を第一目標とせず，事業から得られる収入はすべてサービ
ス提供事業の継続化や従業者の給与水準を確保するために使われます（仮に，
費用を上まわった収入である「余剰」をえても，それを組織の活動資金に回し，
資金提供者や組織メンバーに分配しない）。言うまでもなく，事業活動に要す
る費用以下の収入しか得られなければ，費用と収入の差を補助金等で埋め合わ
せる必要が出てきます。この場合，非営利事業とビジネス活動との違いは利益
追求を事業の主目的とするかどうかでしょう。

　本書では，一国の社会ではなく，地域ごとの社会，地域社会を中心に考えま
す。地域社会は，個人または世帯（家族とは違います）と，利益追求活動の中
心である企業と，直接的には利益を追求しないでそれぞれの立場で社会の利益
に貢献しようとする非営利組織と，政府部門から構成されています。図5-1
に示した通り，社会での活動部門は，収入獲得活動や利益を追求する部門と収
入獲得活動や利益を追求しない部門に分かれます。さらに，政府部門でもなく
民間企業部門でもない部門をサードセクターと呼びますが，サードセクターの
中でも，活動資金をすべて外部に依存する組織（文字通りの非営利組織）の集
まりと，収入の一部を自らがまかなう組織（社会的企業）の集まりとからなり

ます。

2　産業活動——生産・販売活動

　産業とは，人や組織など社会が必要とする財やサービスを供給（販売）する事業群を言います。経済学の考えや産業分類に従っていえば，産業とは，ほぼ同じ機能の製品・サービスを販売・提供する事業者群（同じ事業を行う人や組織）のことです。このとき，事業とは，企業や事業体（法人，個人の事業者や非営利組織）がその目的を達成するための活動を指しています（政府部門や公務を含むこともある）。

2-1　産業としての生産活動

（1）生 産 活 動

　産業としての生産活動とは，農林水産物，原材料・素材，それらを加工した製品など形がある物を作ることと，形がないサービスを作る（提供する）ことです。生産活動には，資源を使います。資源とは，材料・知識，労働力，機械・器具・システム，エネルギー，土地・建物・施設などですが，経済学では，生産活動に必要な資源（生産活動で投入される物）を生産要素と呼びます。以下では，財，製品，サービスという用語とそれらの関係について説明します。

（2）「投入と産出」の関係

　生産活動を，「投入と産出」の関係から説明します。財・サービスを生産するためには原材料，労働，機械（資本）等の生産要素を使います。生産のために投入される資源を投入物（input）と呼び，生産活動の結果，生産できた有形の財や製品（部品を含む）や無形のサービスを産出物（output）と呼びます。図5-2には，資源を投入し，生産活動の結果，財やサービスが産出される関係を示しています。

　財・サービスを生産する上で，どれだけの生産要素が必要となるかを知るには，投入量に対する産出量の比率（産出量／投入量）を見ます。この比率を，

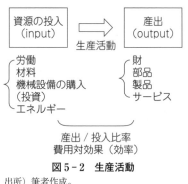

図 5-2　生産活動

出所）筆者作成。

生産効率または物的生産性と呼びます。その比率は，生産活動にかかる費用水準または能率（1つの仕事・作業に要する時間）を反映します。

　通常，機械やシステムは一度，設置されると一定期間は使えます。一方，生産量が多いという状況は，（赤字販売をしていない限り）最終的に多く販売し続けていることが前提となっているはずです。その意味では，原材料や雇用量などの資源を多く投入する必要があるかどうかの判断は，販売量の現状や将来見通しと結びついています。また，どのような生産方法を用いるか（たとえば，基本的業務の多くを人の手で行うか，機械やシステムで行うかなど）は，機械設置費用（その償却費を合計した金額）と一定期間分の人件費を合計した金額とを比較して，設備投資する（機械設備を購入・設置する）ことが事業採算に合うかどうかの判断で決まります（投資については第7章でも説明します）。

（3）財，製品，サービス

　農林水産物は，自然環境のなかで育成・収穫，採取した産品です。それらは産業として適した場所や地域で生産または採取・捕獲されます。農林水産物や，金属や鉱物，原油などの原材料または素材は質ごとに選別されますが，それらを加工・製造しない形で売る限り，製造品または製品と呼びません。加工・製造しないで販売する産品を，経済学では財（goods）と呼びます。

　また，農林水産物や素材（原油，鉄鉱石など）を，加工場（工場）などの施設に集めて精製・精練・加工してできたものを製造加工品，製造品，製品

（products）と呼びます。加工したものだから，加工品・工業品ともいいます。財と製品は加工の有無で違いますが，両方とも形をもつので，有形物という点では共通しています。生産（事業）活動を行う場所に関して，工業製品では材料の入手・生産の場所と無関係に加工する場所をほぼ自由に選択できる点が，立地に制約がある伝統的な農林漁業と違います（水産養殖業は別です）。

　サービスは従来，役務とも表現されていましたが，形をもちません。サービスについては，3-3，3-4で詳しく説明します。

2-2　販売活動

　販売活動とは，農林水産物や素材を売ることや，それらを加工した物（製品）やサービスなど，生産したものを販売し，収入を得ることです。ある地域で販売されているものは，地域内で作られているものだけでなく地域外で作られているものもあるでしょうが，そのような生産活動（農林水産業や製造業，サービス業）とそれらの財・製品やサービスを販売・提供する活動が地域とどのように関係しているかを確認してみましょう。

　有形物についての販売活動を生産者の視点からみると，生産者が自ら生産した財・製品を，(1)生産者自らが売る，(2)生産者が誰かに依頼し売ってもらう，という形態があります。

　販売活動を販売事業者（たとえば，卸売事業者や小売事業者）の視点または販売という機能からみると，別の誰かが生産した財・製品を，(1)販売者（卸売事業者や小売事業者）が生産者に依頼されて販売し，その販売の手数料や一定利益（マージン）を受け取る形態と，(2)売れると見込んだ商品を販売事業者自らが仕入れて，売り，仕入れ値と売値の差益（マージン）を獲得する形態の2つが代表といえるでしょう。

　販売活動においては，地域の生産物を地域内で販売するとともに，地域外に向けても販売するでしょう。計画した（希望した）価格水準で販売することができていれば，販売量が拡大するほど利益が増加します。その企業で働く人が地域内に居住しているならば，地域の組織と居住就労者の双方で収入が増えます。一方，販売量が減少した状態が続くと，生産量や仕入れ量も減らすことに

なるでしょう。利益を上げるためには，希望価格で売ることが大事です。その点で，低価格だけを訴求する形ではなく，いわば非価格面で固有の特徴や魅力をもつ製品・サービスを提供することが望まれています。

3 産業の種類と産業活動の内容

産業とは，同じ機能や同じ用途の製品・サービスを提供する事業者や企業等の事業をまとめた概念です。

3-1 産業構造と産業分類

現在の日本の産業は，① 農林水産業，② 鉱業，③ 建設業，④ 製造業，⑤ 電気・ガス・熱供給・水道業，⑥ 情報通信業，⑦ 運輸業，郵便業，⑧ 卸売業・小売業，⑨ 金融業・保険業，⑩ 不動産業，物品賃貸業，⑪ サービス業，⑫ 公務と分類されています。

一国（または特定地域）の産業の構成を産業構造といいます。その際，① 農林水産業と② 鉱業を第 1 次産業，③ 建設業と④ 製造業を第 2 次産業と呼びます。また，産業分類の⑤「電気・ガス・熱供給・水道業」から⑪「サービス業」までの「形がないサービス（役務ともいう）」をひとまとめにして（広義の）サービス産業，あるいは第 3 次産業と呼びます。

また，⑪ サービス業は，学術研究・専門・技術サービス業，宿泊業・飲食サービス業，生活関連サービス業・娯楽業，教育・学習支援業，医療・福祉，複合サービス業，その他サービス業と 7 つに分類されています[4]。それらは，2007年10月までの統計分類では，対個人向けサービス業，対事業所向けサービス業，社会・公共的サービスと 3 つに区分されていました（社会・公共的サービスには教育，医療，社会福祉などが含まれます）。

なお，観光業は，旅客運輸業，宿泊業，飲食サービス業，小売業，旅行企画サービス業などの集合をいい，独立した産業として分類されていません。

3-2　有形物に関わる産業の種類と生産・販売活動

　2-1，2-2で説明した通り，物品系など有形物に関わる産業の活動は，生産要素または経営資源を使い（投入し），有形物を生産し販売することです。

　農業等では原則的に種や苗を植えて育てる。栽培し，できた野菜や果物等を生産物（産品）として売ります。畜産業・水産業や漁業では，採取・捕獲したものや，飼育・養殖したものをそのままの形で売ります。鉱物や原油・燃料などを採掘し，そのままの形で売る鉱業もあります。

　製造業での生産は，資源や材料を入手して，処理・加工し，製品に仕上げていく形態が中心となります。用途に応じて意図した形に変えることや最終的に販売する製品（中間製品や完成品）の形に仕上げることを指します。材料を加工する生産（産業）を加工業・組立業，工業または製造業といいます。

　こうして，有形物でも第1次産業においては，原形をとどめないほどの加工をすることなく，収穫したもの（財）をほぼそのままの形で売ります。第2次産業では，加工したもの（製品）を売ります。有形物は財と製品からなりますが，形をもたないサービス（無形物）が別にあります。[5]

3-3　サービス（無形物）に関わる生産・販売活動

　産業活動として提供しているサービスとは，売買（取引）の対象となる業務としてのサービスをいいます。サービス利用者が対価を支払う場合であり，奉仕や「割引」や「おまけ」などとして無料で提供する「サービス」を含みません。サービスの生産（提供）には，企画，供給体制構築，サービス関連情報の提供や広告宣伝など，無形物であるサービスの生産（または提供）に固有の活動があります。

（1）サービス業務の分類

　広義のサービス産業におけるサービス業務を分類してみると，① 業務代行型サービス（運送，清掃，警備など），②物品賃貸業（レンタル，リースなど），③専門的情報・知識の提供，それと関連する業務的サービス（不動産，旅行代理店など），特殊な資格や免許に基づく専門的業務サービス（医療，介

護，証明書の発行，専門的技能者への委託），④（純粋な小売業との違いとして）その場で飲食が可能な場所や空間を用意した形態で飲食物を提供することなどに分かれます。

① 業務代行型サービス

　自分が行う業務を誰かにやってもらう（自分でもできることを他人の労働で代行してもらう）ことです。自分が行うよりも上手な人や，業務として行っている人のサービスを買うことです。面倒なことを省くため，自分の労働や時間を省略するため，事業者にサービス代行を依頼することです。例として，運送，清掃，警備，家事代行などがあります。

② 物品賃貸サービス

　多くの人や組織にとって，たまにしか必要としないと予想される物品やサービスや特殊な機器・器具や技術的変化が速く保守・更新に手間がかかるものなどを賃貸するサービスです。利用者にとり，物品を選択して借用できる点が購入・保有するより利点となります。サービスのうち，リース（lease）とは資産の賃貸借のことで，資産保有者は賃貸使用料をとり，資産の使用権と占有権を他者に一定期間譲渡します。対事業所向けはリースが多いでしょう。一方，レンタル（rental）も資産の賃貸借ですが，レンタルでは，資産を他者に賃貸借する期間が短い点がリースと違います。

③ 専門的な情報・知識の提供や専門的業務サービス

　専門的な情報・知識とそれに関わる専門的助言，業務的サービスを提供することです。法務，会計，税務など専門的な知識と助言などのサービスをえる（購入する）ことが一例です。また，不動産の紹介・仲介，求人・求職の仲介，人材派遣・人材紹介，旅行代理店業務（旅行・宿泊所の手配・事前手続き），介護サービス，写真撮影などを専門的事業者や技能者に委託することです。できばえやコンテンツの違いを買うという側面もあります。

　なお，一部には，事業を行う（業務的サービスを提供する）上で，特殊な資

格・免許を必要とする制度があり，資格や免許を持たない人にはできないこと（専門的業務）を専門サービス事業者が提供するサービスがあります。医療，証明書の発行などが代表例です。

④　飲食サービス業

　飲食サービス業とは，飲食店で作った飲食物を顧客が店舗内で飲食すること，飲食店が作った飲食物を顧客が店頭で受け取り持ち帰ること（テイクアウト），飲食店が作った飲食物を顧客の指定場所に配達することです。顧客にとって，それらは，飲食物を自分で作る手間や時間を省き，利便性や食事の時間を楽しむことを優先する点に特徴があります。なお，工場で「包装された製品」として食品・飲料を作るのは食品（加工）工業です。店舗で作った「でき立ての」飲食物をそのまま販売する飲食店や持ち帰りサービスとは区別されます。

　以上のうち，サービス業の一部は顧客が自分の労力と時間を省き，便利さや専門家のサービスを買うという性格をもち，別の一部は顧客が専門的サービスを利用せざるを得ないという性格をもちます。

（2）人と人が直接に接する対面接客型サービス

　サービス提供時に，人が関わる度合いの大きさで見ると，人が人に対して直接・間接に提供するサービスは，①対面接客型人的サービスと，②労務代行・業務代行型サービスに分かれます。

①　対面接客型人的サービス

　対面接客型の人的供給サービスは，道具，器具，機械やシステムを使った対面式サービス（オンライン面談式を含む）を含み，人の手を要する「人から人への」サービス提供形式です。この種のサービス提供は基本的に人による接客を前提としています。たとえば，調理の一部，美容・理容，医療，介護，店舗内での接客サービス，対面式教育など多数があります。

　対面形式での人から人へのサービス提供は，サービスの提供と同時にサービ

スの購入という形態が基本となります。人と人が直接に顔をあわす対面接客型では，形がなく（無形で），保存・在庫・移転ができないサービスの生産・提供とサービス消費が同時に実現しているのです。サービス提供時がサービス享受・購入時でもあるので，購入者の立場から見ると，サービスの内容を見極めつつ，支払う料金との費用対効果のバランスを考慮したうえで，サービスを注文（依頼）するとともに，サービスを利用（購入）することになります。

　一方，提供者の側から見ると，サービス提供の事前準備やサービス提供の仕組みをどのように作るか，サービス内容をいかにして顧客に伝えるかが重要となります。サービスを提供する準備（一種の生産プロセス）が完了したことを前提に，サービスの生産とサービスの提供（販売）が時間的・場所的に結びついて実現するからです。サービス提供者が準備しておき，来店した顧客や注文してきた顧客がそれを利用（購入）する形態となります。

　このとき，サービス提供を一人で行う（人から人への個人レベルでの対面式サービス提供の）場合と，複数の人や組織が協力してサービスを提供する場合があります。複数の人や組織が協力する形でサービスを提供する際には，関係する人や組織の間での役割の分担（分業の仕方）や利益の配分方法を，サービス提供の準備段階で決めておく必要があります。

　また，サービス業の一部に分類されている娯楽業（音楽やスポーツ，テーマパーク，演劇等のホール，舞台での実演などの興行）や旅行業（旅行企画，旅行代理店業）などでは，イベントへの参加や，実演の観戦・鑑賞・観劇や展示物の鑑賞に対価を支払う形でサービスを提供していますが，それは，企画・計画の作成から人員の訓練や計画実行・サービス提供までの総合サービスといえるでしょう。

　1つの例として，興行では，実演（ライブ）型サービスを提供しています（動画配信を除いて考慮しています）。資源保有者（アプリケーション，サービス・コンテンツの制作者），事業遂行能力の保有者（サービス・パーツの加工，組み込み，コンテンツ修正・編集の人），提供するサービス全体を商品としてまとめる編集・統括の能力や予算制約内でサービス全体を提供することに関わる管理・運営能力をもつ人などが重要となります。

②　労務代行・業務代行型サービス

上でも説明しましたが，人は自分でも実施できるかもしれない業務や仕事で
も，その業務に関わる手間や時間を省くため，事業者にその業務（サービス）
料金を払って代行してもらうことがあります。一部は対面型人的サービスと重
複するでしょう。第1は，労務または業務として，たとえば，輸送，運搬・荷
物整理，書類処理，清掃，調理，経理，家事代行などが典型的です。第2は，
高度に専門的なサービスや業務を行うための資格・免許制度があり，資格を持
たない人が自ら実施できない業務を事業者に委ねることとなります。それにつ
いては，医療，教育，弁護士，不動産取引などが典型的です。

対面型サービス提供を基本とする小売，飲食，保育，教育，交通，運輸，窓
口金融，公務は，すべての地域において人々の生活に密着した産業といえるで
しょう。それらのサービス産業では，地域での具体的需要が一定数確保できる
限り，事業は継続可能となるでしょう。

（3）非対面接客型サービス

サービス提供時に，「人が直接にサービスを提供する」形態をとらず，機械
やシステム等を介したサービス提供の形態があります。サービス提供が機械化
されていて，利用者自身が機械を操作する形態でのサービス提供といえます。

①　機械・機器操作型サービス，または通信経由型遠隔管理型サービス

利用者（顧客）が自ら機械・機器を操作する形式（自動販売機など）や，事
業者が作成した専用通信システムを利用した端末・遠隔管理型のサービス提供
では，基本として人に依存しない（非対面接客型提供）形態です。自動販売機
での物品購入は無人化された小売業務と同じです。顧客が専用機械を操作して，
チケットやサービス利用の予約などサービス（サービス利用権など）を購入す
る。また手続き自動処理機を操作して，現金引出し・振込機（ATM），料金
支払いなどの事務処理等を達成する。これらの機械設置の目的は省人化であり，
利便性の向上です。なお，機械操作を係員が代行すると，それは「人から人へ

の」サービス提供となります。

② インターネットを介した購入の一部は小売業

　現在では多くの人がパソコンやスマートフォンを使い，通信回線やインターネットを経由して物品やサービスの購入，交通機関サービスや宿泊施設の利用予約，チケットの購入，その他，各種手続きの実行などのサービスを購入しています。ただし，インターネット手続きを介した製品・サービスの購入は，基本的にインターネット上のウェブサイトに表示されている「販売カタログ」や販売商品リストを見て発注・購入する通信販売の新しい形態です。それは実際の店舗がある場所での消費とともに小売業の一種です。音楽の楽曲やゲームなどの有料ダウンロードなども同様です。サービス提供者が示すカタログを見て購入する形態は小売業です。

3-4　公益事業というサービス業

　電力・ガス・熱供給，水道（上下水道，事業者用水道），鉄道，電話・通信網などの「ネットワーク型」事業においては，サービス提供に不可欠な施設を設置し供給体制を整備するために大規模な設備投資が必要となります。つまり，多額の設備投資（固定費）を要すると予想できます。一方，サービス提供の基盤設備が設置されると，サービス供給量が多いほど，または，設備稼働率が高いほど，生産当たりの単位固定費ならびに長期平均費用が逓減する性格をもち

> ┌─────────┐
> │ コラム 9 │　**地域での生活と公共サービスの料金**
> └─────────┘
>
> 　都市・自治体別にみる公共料金とは，行政が行う事業と公益事業の料金など，
> 「公共的性格」を持つサービスの代金を指します。生活に不可欠なサービスとして，
> たとえば，電気・ガス・水道，公共交通，医療・介護があります。このうち，電気
> （電力）とガスは民間企業が提供していますが，水道は市町村が提供していること
> が大半です。水道使用料金は市町村や地域ごとに違います。地方自治体（市町
> 村）・その関係機関または民間企業が提供している介護や地域交通のサービス料金
> も市町村や地域により違う可能性があります。
> 　一方，居住者の生活費は，食費，住宅関連の支出（賃貸住宅では家賃，持ち家住
> 宅であれば，住宅ローンの返済金など），教養・娯楽費，通信費，交通費，光熱費，
> 育児・教育費などです。これらのうち公共料金とみなされている教育関係費は地域
> により違います。光熱費（電気・ガスの料金）や通信料金はサービス内容別に家計
> が企業と契約する内容に応じて異なります。

ます。生産規模が拡大するほど，最低生産費水準に近づくので，自ずと地域独
占的生産形態が生じると推測できます。すると，地域にとって大規模事業に要
する二重投資を避けるうえで，事業の当初から地域全体にサービス供給するこ
とを予定するほうが望まれる事業・産業といえます。サービス提供がこのよう
な性格をもつ場合，地域独占的事業（供給）をあらかじめ認めて（許容して）
おいて，新規参入，価格，生産量などを政府部門（国や地方公共団体）が規制
する形態で事業運営されることが多いのです。

　政府部門がサービスの価格等を規制することになる産業の条件は，(1)初期固
定投資規模がきわめて大きい，(2)生産設備を分割できない，(3)提供されるサー
ビスは人々の生活や企業生産活動において必要不可欠である（必需的サービ
ス），ということです。これらの条件に該当する産業や事業を「公益事業
（public utilities）」と呼びます。[6] 現実には，電力（電気）や都市ガスの供給は民
間企業が，水道事業は地方自治体が運営していることが多いですが，交通のう
ちバスや地下鉄は自治体運営と民間企業の運営方式などが地域によりさまざま
です。

　なお，通信，電力，都市ガスなどいくつかの産業では，技術変化の結果，小
規模・分散型の供給システムが登場し，地域内の複数事業者によるサービス供

給面での販売競争が起こっています。

4 生産プロセス

4-1 有形物の生産プロセス（生産工程）

　有形物（製品）の生産プロセスを確認しておきます。図5-3に示したとおり，形がある製品の生産では，事業的アイデアをもとに，企画・開発した後，必要な原材料を手に入れます。それを処理・加工し，部品を作り，部品を組み合わせて部分品を作ります。部分品を最終的に組み立て，仕上げのプロセスをへて，最終財（完成品）ができ上がります。これが資源の投入から生産物の産出までの流れです。企画・開発から最終財の製造までの流れを「生産プロセス（生産工程）」と呼びます。

　その際，生産者と別の生産者の間での取引や，卸売販売者と小売販売者を経て，個人消費者や企業という最終顧客・最終購入者に最終財（完成品）が届きます（図5-4を参照のこと）。ここでいう顧客（customer）とは，個人消費者だけでなく，企業や事業者を含みます。企業・事業者が別の企業・事業者に売るものは，素材を部分的に加工した状態のものや部品の形にしたもの，つまり，完成品ではないがその一部分として一定の塊の形に組み付けたもの（中間財）で，完成品として最終的に組み立てる業務を担う企業・事業者が完成させます。なお，部品・部分品や製品としてできたものをまとめて購入し，事業者や小売

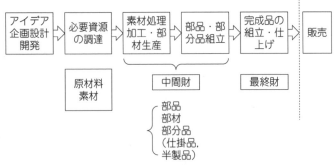

図5-3　有形物の生産プロセス

出所）筆者作成。

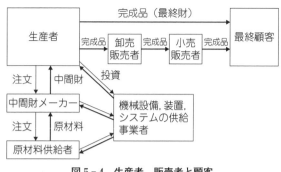

図5-4　生産者，販売者と顧客
出所）筆者作成。

店に売るのは卸売販売事業者です。このように，企業・事業者が別の企業・事業者に売ることを，企業・事業者間取引（Business to Business：B2B）と呼びます。また，企業・事業者が個人消費者に売ることを Business to Consumer（B2C）と呼びます。

　いずれの場合でも，希望した価格で販売できれば，一定の利益を獲得できるでしょう。一方，希望した価格で売れず，値引きして販売する場合，その値引きの程度が大きければ，計画通りの利益を得られないかもしれません。

　さて，世界を見渡したとき，別の企業に一部またはすべてを生産してもらい，できたものを販売するだけの企業も少なくありません。つまり，物やサービスを販売している企業でも，業務形態として，すべての生産工程（生産プロセス）を自ら行っているとは限らないのです。

　つまり，企業活動の形態として，第1に，生産から販売までの活動をすべて1つの企業・事業者で行うことがあります。第2に，生産と販売の活動を別々の事業者・企業が行うこともあります。第3に，生産の一部を別の企業に依頼する，販売を別の企業に依頼するなどと業務の分業が見られます。第4に，生産活動を国内・外国の企業や生産者に委託し，販売・供給だけを自社で行うこともあるのです。

4-2　サービスの生産プロセス
　無形物であるサービスの事業には，人が人へ提供するサービスと，機械が提

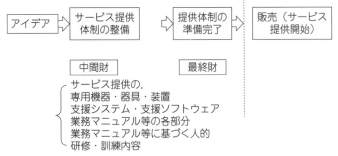

図 5-5　サービスの生産プロセス

注）サービス提供体制の主な整備事項は，サービス提供形態別に，「人から人
　　へ」のサービスでは人的研修・訓練，「システムを介した人へ」のサービス
　　ではシステムやソフトウェア等の開発・整備と人的研修・訓練となる。
出所）筆者作成。

供するサービスがありますが，サービスを提供開始するまでの準備が重要です。

　サービス業は，形がないサービスを販売しますが，サービス提供体制の整備
段階でのサービス生産プロセスは，製造物に関わる生産プロセスと違う側面が
いくつかみられます。図 5-5 に示したとおりですが，事業アイデアをもとに，
サービス提供の準備が始まります。準備段階としては，顧客が求めているサー
ビスの内容と料金の関係を想定しつつ，提供するサービスの特徴を決めていく
プロセスや，それを事業として採算があうようにサービスの内容やサービスの
提供方法を検討するプロセスがあります。(1)人から人へのサービスではサービ
スの生産者と販売者は同じです。サービスの購入時点・場所もサービスを供給
する時点・場所も同じです。また，人から人へのサービスの多くでは，サービ
ス提供時に必要となる器具・機械やシステムの整備と施設的条件，サービスを
提供する人の研修や訓練，システム的環境を整備する必要があるでしょう。

　一方，(2)機械等から人へのサービスでは，サービスの利用者・顧客が自ら機
械等を操作してサービスを得ます。サービス提供に必要なあらゆることがらを
実施できるように機械やシステムを構築しておけば，サービスの利用者が自ら
機械やシステムを操作することで，サービスを得ることができるのです。

　いずれのサービスでも，サービスを提供するために必要となる機械・システ
ム等の環境を整備する必要がでてきます。顧客が自ら機械等を操作してサービ

スを得る場合，サービス生産者はサービス提供体制を構築し，供給・発売の準備をし，広告宣伝等をするでしょう。

4-3　中間財と最終財

　最終的な消費対象となる財・サービスと生産活動に用いる機械設備類を「最終財」と呼びますが，当該生産物それ自体が加工・組み立ての最終目的ではなく，最終財を生産するために必要な素材を処理・加工したもの，部品の材料（部材），部品，部分品，サービス・パーツなど中間生産段階の財・サービスを「中間財」と呼びます（図5-3から図5-5を参照。その一部は半製品とも呼ばれます）。言い換えると，生産プロセスの中間段階の部品や部分品が「中間財」であり，それらをもとに生産して完成したもの（最終製品）が「最終財（または完成財）」です。産業で生産しているものが最終財とは限らないことに注意が必要です。なお，消費者向けの製品・サービスの多くは最終財ですが，企業・事業者向けの生産物の半分は中間財なのです[7]。たとえば，乗用車は最終財ですが，ワイパー，ヘッドランプ，エアバッグは中間財です。ワイパー，ヘッドランプ，エアバッグを作るための部品や部分品も中間財です。

　さらに，消費財は一度の消費で消耗される（生産能力を増やさない）財をさし，生産活動に使う機械や設備などを含みません。他方，中間財や最終財を作るための機械設備・システムなどは一定期間使用できます。1回ごとの設備投資で購入・設置される財を投資財と呼び，物やサービスを作る機械やシステムの全体を資本財と呼びます。投資とは生産能力形成や生産性向上のために，生産活動に使う機械，設備，器具，システムを購入・導入（し生産）することです。中間財や投資財・資本財を販売することは，基本的に企業間の取引（Business to Business：B2B）です。

　さて，物財の生産では，購買や注文を見込んで，販売時点より先に生産を行い，作りだめ（そして在庫）する「見込み生産」方式と，具体的な注文を受けて生産を開始する「受注生産」方式とがあります。現実には，生産した物が売れるかどうかはすべて購入や発注の量により決まってきます。購入や発注または購買意思のことを需要と呼びます。

　製造会社のなかにも製造に直接に関わらない仕事（サービス業務という）がいくつもあります。たとえば，顧客に何を提供するかを考える企画・開発をはじめ，販売（来客対応と訪問営業があります），金銭の支払と受取（経理），各種連絡や雑事を含めて多様な事務・業務を担当する庶務，現在と将来の事業内容にかかわる検討・決定・業務指示，（社内に抱えている場合とない場合がありますが）物流・配送などです。製造業のうちの本社事務職，製造工場での労働以外の事務・管理業務，原材料や部品や製品の輸送はサービス業務となります。農林水産業でもサービス業務はあります。事業所にも，物を直接作る，物を直接扱うことが仕事の中心となる生産工場や荷捌き場などの現場，顧客に直接対応する店舗（店頭），事務室など室内を中心に行う仕事（机の上での事務対応など），事務的仕事と生産・販売の仕事が壁で仕切って同じ場所で行われることがあります。なお，生産（製造）労働を直接業務，事務労働を間接業務と呼ぶことがあります。

5　地域と企業

5-1　企業の地理的活動範囲

　企業の活動は（開発を除くと）主として生産や販売の業務です。生産に関わる拠点・事業所は数が比較的に限定されるかもしれませんが，顧客への直接対応が必要な販売事業では，販売規模が大きくなるにつれ，販売先となる地域（販売活動地域）や拠点・事業所は数が増えていくでしょう。

　（1）有形物の場合には，生産活動と販売活動の地域，拠点・事業所を切り離すことができます。企業が活動する地理的範囲に着目すると，第1に，全国規模で活動する企業，第2に，グローバルな地域・範囲で事業展開する企業（海外活動を伴う企業か，海外活動を中心とする企業），第3に，東京圏・首都圏や関西圏あるいは都道府県という地理的範囲で活動する企業，第4に，都道府県の中の特定の都市や市区町村などの限定された地域的範囲を中心に活動する企業，などに大別されます。

　（2）形がないサービスの場合，人から人へのサービス提供形態では，生産活動と販売活動の地域（場所）は同じとなります。一方，サービス利用者が自

ら機械・器具やシステムを操作してサービスを得るサービス事業形態では，サービスの生産活動と販売活動は地域的に分離しているでしょう。さらに，インターネットを通じたサービス提供では，事業活動の地理的範囲は事実上，限定がない状態と同じです。

5-2　企業の活動本拠地

　企業は形式上，事業活動の本拠地（本社・本店の所在地，登記上の本社）を特定の地域内に置き，そこを中心として活動しています。しかし，企業がどの地域に本拠地を置こうとも，主たる活動範囲をその本拠地を置く地域内や地域周辺とする企業もあれば，活動範囲がその地域の内外になる企業もあります。活動範囲がその地域内外になることは少し事業活動が大きくなった場合や，扱う商品やサービスの性格上，対象顧客を見込むことができる場合，地域外部に事業所をおき，それぞれの地域で事業活動（生産・販売）しているためです。

（1）事業所（店舗，事務所）の立地と本社所在地

　企業が特定地域（市区町村など）を本拠地とするという意味は，登記上の本社・本店を置くことです。本社がある地域とは別の地域に活動拠点として支店・営業所などを設置していても，重要とみなされる意思決定は本社・本店地域でなされています。企業の活動方針は本社で決まり，本社が決定した事項を実施するという意味で，支社・支店は本社の指示に従う関係にあります。つまり，地域にある事業所が支社・支店の場合，事業が不採算ならば閉鎖・撤退する可能性もあるわけです。事業所とは，本社・本店，支社，支店，事業所，営業所，工場，店舗，工房などですが，あくまで，その企業の1つの活動拠点です。

（2）地 元 企 業

　地域に根ざした企業とは地域内に本拠地があり，本社・本店の所在地，登記上の本社をその地域に置いている企業のことです。その特定地域に活動拠点（登記上の本社・本店）を置く企業を地元企業または地場企業と呼ぶでしょう。

とはいえ，地場企業・地元企業でも，主たる活動範囲はその地域の外部を中心
とすることがあるかもしれません。活動範囲が地域内を中心とする企業と，特
定地域に限定されず活動する企業があるのです。

特定地域に本拠地を置き，その地域での販売を前提として活動する企業があ
る一方，特定地域に本拠地を構えても，ずっと広い地域で活動する企業もあり
ます。それはどのような製品・サービスを販売するかという点や事業活動を行
ううえで，販売規模が大きい地域を無視できない点も関わっています。別の解
釈として，小売業や飲食店など対面型ビジネスは地域密着型産業（立地が大
事）だと捉えることもできるでしょう。

（3）企業の本拠地（本社・本店）がある地域

日本の企業の本拠地（本社・本店）がどこにあるか，全国的な分布を確認し
てみましょう。

日本には，約410万社の企業がありますが，すべての会社の本社・本店情報
を調べることは事実上，困難です。そこで，上場企業について本社所在地を調
べてみます。都道府県別にみると，2019年において，上場企業の52％が東京都
に本社を置いています。それに次ぐのは，大阪府11％，愛知県6％，神奈川県
5％などです。地域・都市に絞ると，東京都特別区50％，大阪10％，名古屋
市4％，横浜市3％などです（付表資料から計算）。

5-3 地域別にみた事業所の規模

全国の事業所数の99.7％は中小規模事業所（中小企業）です。うち14.9％が

表 5-1　政令指定都市における従業者数の規模別構成割合

単位：人，％

	従業者数総数	従業者数比率		
		大規模企業	中規模企業	小規模企業
札幌市	675,911	28.6	52.2	19.2
仙台市	350,044	20.6	57.4	22.0
さいたま市	414,272	34.8	46.5	18.7
千葉市	356,729	49.2	36.7	14.1
東京都特別区	12,332,271	60.1	31.6	8.3
横浜市	1,152,225	32.4	47.8	19.8
川崎市	383,599	32.7	45.2	22.1
相模原市	144,941	15.9	50.4	33.7
新潟市	296,000	25.6	52.2	22.2
静岡市	274,065	19.7	53.6	26.7
浜松市	284,814	22.5	50.6	26.9
名古屋市	1,445,650	33.0	50.5	16.5
京都市	643,616	30.4	46.1	23.5
大阪市	2,614,313	40.9	44.6	14.5
堺市	259,088	29.9	44.8	25.3
神戸市	574,416	25.9	52.2	22.0
岡山市	282,989	27.2	51.9	20.9
広島市	468,185	25.9	53.2	20.9
北九州市	332,201	20.2	54.7	25.1
福岡市	733,254	33.1	50.3	16.6
熊本市	209,120	11.9	60.1	28.0

出所）総務省統計局「平成26年度　経済センサス　基礎調査」から筆者作成。

中規模事業所，84.8％は小企業・小規模事業所です。一方，事業所で働く従業者数の規模でみて，従業者全体の69.6％の人が働く先は中小規模事業所（中小企業）です。うち46.5％の人は中規模事業所，23.1％の人は小企業・小規模事業所で働いています。東京都を含む全国では69.6％ですが，東京都を除く全国でみると80.2％の人が中小企業（うち28.4％は小企業）で働いており，大企業で働く人は東京都を除く全国で19.8％です。東京都を含むかどうかで数値が10％ポイント変化します（付表参照）。

　表 5-1 から，政令指定都市についてみると，大規模企業で勤務する従業者数の比率は，東京都区部では60％，大阪市41％，名古屋市33％，横浜市32％です。中小企業で勤務する従業者数の比率は，東京都区部では40％（うち8.3％

は小企業），大阪市59%（うち14.5%は小企業），名古屋市67%，横浜市68%です。

6　形態からみた産業活動の地域類型

6-1　工業集積地

　工業系企業の事業所が集積している地域です。1970年頃までに日本全国に工業地域が建設されました。単一産業都市でも工業集積と呼んでいますが，現在では典型となる工業地域は減少する傾向にあるでしょう。

（1）生産工程統合型

　製鉄，石油精製・石油化学などの素材系産業では，事業所（工場群）ごとに，エネルギー使用効率を高めるため，工場での材料処理・加工から中間品処理までの生産活動（ときには最終製品の生産まで）を同じ地域・場所で行うことが特徴です（コンビナートといいます[8]）。日本では，鉄鉱石，鉱物，原油，液化天然ガス（LNG）など原料・材料や燃料など資源の多くを輸入しており，また，加工して生産した製品を日本各地や海外に出荷することが大半なので，物流効率も高める狙いと連動させて，搬入・生産・搬出の機能を1か所に集約した結果，素材に関わるコンビナートの多くは臨海部に立地・建設されました。

（2）大企業事業補完型

　加工や組み立ての業務が多い機械系産業では，中間製品・部分品などの中間財を作り，それらを結合させて最終製品を組み立てていきます。そのため，多くの協力企業を必要としています。一般に，それらの協力企業群は最終製品を作る場所と比較的に近い地域に集中して立地しています。たとえば，愛知県豊田市，広島市と府中町とその周辺には自動車組み立て工場とその関連工場が多いです。また，愛媛県今治市ほか瀬戸内海地域の造船，愛知県・岐阜県を中心とする航空機部分品製造などでも同様です。しかし，1985年以降，家電・電気機械の国内生産拠点（工場）が海外に移転されるなど，事業所（工場）は段階的に閉鎖されてきました。工場の大幅な縮小や閉鎖があった地域では，生産拠点や事業所はなくなり，地域産業の空洞化が生じました。

　なお，生産活動を担う企業の場合，生産活動等に関わる業務上の打ち合わせや緊密な話し合いがどれほど求められるかによって，顧客企業が立地する地域と同じ地域内に，工場や関連事業所を設置することもあります。生産現場の状況を踏まえた話し合いや生産等に関わる具体的調整がどれほど頻繁に行われるか，どれほどの期間続くかは，産業や仕事の内容や，業務のプロセスごとに違ってきます。

6-2　企業城下町

　人口規模がさほど大きくない一つの市町村に比較的に大きな企業や事業所が存在していて，地域全体の雇用（従業者数）や生活関連産業や税収がその企業（群）の事業活動状況に依存する度合いが高い地域を企業城下町と言います。アメリカでも，ワンカンパニー・タウンと呼んでいます。たとえば，鉄鋼，造船，エレクトロニクス，自動車など，多様な業種で観察されます。

6-3　産　地　型

　同じ製品（消費財が多い）を生産する企業（同業者）が特定地域（単一または複数の市区町村）に集積している状態や，製品の地域生産シェアが全国的にみて高い状態を「産地」といいます。産地の１つの形態は，同じ業種で，製造

工程の川上から川下に関わる企業が地域内で工程間分業していて，完成品を作る企業と完成品に必要な部品や加工を受け持つ企業が共存していることです。産地のもう1つの形態は，製品の特徴や用途・機能が違うさまざまな製品を地域内の競合企業と棲み分けながら生産している地域です。地域外から見ると，同じ業種・品目の製品を多くの企業が生産しているようにも見えますが，各企業は製品差別化を図り，その地域全体として多様な製品を供給していて，さまざまなニーズに応えています。

　現在の日本で著名な産地として，福井県鯖江市の眼鏡，新潟県燕三条地域の洋食器やアウトドア製品の金属加工部品，大阪府堺市の自転車部品，岡山県倉敷市から広島県東部地域のジーンズ，愛媛県今治地域や大阪府泉州地区のタオル，繊維（紡績，衣服）などが代表的かもしれません。その他，バッグ，靴，陶器，金属加工品など産地型の地場産業は文字通り，多種多様で，全国各地に存在しています。

　立地や産業活動に地域的な偏りが生じる背景も地域ごとにさまざまな事情や要因があると思います。例示すると，その地域に存在した天然資源，労働力，歴史的要因，事業用地の確保と地価，水の確保，物流の便，地域の商品・デザイン開発力などが関わっているかもしれません。

6-4　都市部立地企業間の高度技能分業

　大都市部の周辺などに同じ業種（同業者）だが生産プロセスの段階が違う企業が集積することや，異なる業種だが，業務的・技術的に関連する企業が複合的に集積することが高度技能分業の典型事例です。生産プロセス（工程）ごとに専門特化した企業が地域内に多く集積し，相互補完的に協力しあっています。

　たとえば，さまざまな原材料の表面を処理し，切断し，加工して，成型し，部品や部分品を製造し，部品の部分的結合や小さな部分品の組み付けや中間的組み立てを行うような「町工場」が多数存在しています。それらの業務の1つひとつが生産プロセスの中間的段階での作業であり，処理・加工済み状態の部分品を次の生産段階を手掛ける事業者や会社に引き渡していくのです。日本における代表的地域は東京都大田区，川崎市，東大阪市などでしょう。

```
コラム 13  移 出 産 業
```

　地域内で生産される産品・製品・サービスを地域外で多く販売する形を通じて，地域内での生産・販売活動を拡大する産業は，地域経済を牽引・主導する産業であり，経済地理学では「移出産業」と呼んでいます（販売拡大の結果として，地域外から地域内へとお金が入ってくることを期待しています）。産業活動全体の規模が相対的に小さな地域では，特定の農産物，工業品など，移出産業が明確な場合もあります。一方，人口規模が大きく多様な産業を抱える都市では，販売額が大きい産業はいくつか存在し，どの産業が地域を主導しているかを限定して明示することはできないかもしれません。つまり，移出産業がすべての都市や地域において顕著に存在するとは限りません。さらに，地域産業の中心・中核となる産業も経年的に変わっていくこともあります。

6-5　地域と産業との関係の新たな捉え方が必要

　20世紀の日本においては，工業都市を中心に，地域を特徴づける産業との関係が顕著な都市・地域を類型化して，地域ごとの産業的な特徴を理解することが地域産業活動の標準的な説明の仕方でした。しかし，地域における産業活動の変化も大きく，いまや地域の産業活動に関する新しい捉え方が必要です。工業比率が低い都市・地域でも，商業都市，観光都市，金融都市などと呼ぶこともあるなど，地域と産業との関係や地域ごとの産業的な特徴を表す新たな捉え方が必要となっています。

```
┌練 習 問 題┐
```
　1　自分が住む地域の主要な産業について，その特徴や活動状況を説明してください。
　2　地域に立地し活動している企業と地元企業とは，どこが違うのでしょうか。
　3　企業の立地や産業活動になぜ，地域的な偏りが生じると考えていますか。

注
　1）ミクロ経済学では企業の生産活動を中心に説明していて，企業の販売活動を正面から取り上げることは少ないです（売れるものを生産する，または，生産物は売れていると暗黙に想定しています）。なお，政府・地方自治体の徴税や資金借入と行政サービス提供，その他の具体的活動は第9章で取り上げます。
　2）経済学は，販売面での競い合い（市場競争）や個人の消費活動と満足度に関わるミクロ経済学と，国の所得や富の配分または経済成長・景気変動や財政問題等に関わるマク

ロ経済学など，社会全体で見た有限資源の最適配分や人の厚生または幸せ（ウェルビーイング）や政府の政策（効率と公正）に関わるテーマを扱い，それを地域経済分析にも適用します。一方，経営学は，原則，1つの組織や1つの組織グループ全体（営利組織，非営利組織などが典型的）の活動と資金の流れ（収入と支出の管理）を中心とした内容が多く，最近は対象範囲を「1つの地域」に広げて地域経営や公共経営も扱っています。

3）本書は地域の基本的な特徴を理解するための入門書なので，消費者行動，企業行動，政府活動（とくに地方財政論），非営利組織などの詳細については，専門書を参照してください。

4）日本標準産業分類（2002年第11回改定以降）での飲食業は宿泊業・飲食サービス業としてサービス業の一部です。それ以前の分類では小売業と同類に分類されていました。

5）少しややこしい話ですが，経済学の教科書では，財と製品を合わせて財と表現することもあります。また，財とサービスという表現もよく出てくると思います。それは，形がある財・製品（有形物）と形をもたないサービス（無形物）との対比から出てきた呼び方です。

6）公益事業と公共事業はまったく違います。公共事業（public expenditures）とは，国や地方公共団体の予算で行う事業をいい，たとえば，道路，港湾，新幹線の建設などが典型的で，建設・土木事業が多いでしょう。公益事業（public utilities）とは，生活の必需品であるサービスを提供する事業をいいます。例示すると，電気（電力）・都市ガス・（上下）水道・（広域）熱供給，航空・鉄道・バス・タクシー・トラックなどの運輸，電気通信・放送，郵便，エネルギー供給などです。

7）2017年における日本全体の生産・販売活動（金額ベース）で見たとき，産出額（1024.2兆円）のうち46.8％が中間投入物（479.4兆円）でした。中間投入物は企業から企業に販売された中間財のことです。日本全体で見ても，企業が生産し販売している財のうち半分近くは最終財ではないということです（数値は，内閣府編集『国民経済計算年報』平成29年版から計算）。

8）コンビナートとは，ロシアで生まれた言葉で，結合を意味します。ロシアでは，複数の生産プロセスを受けもつ工場の間の緊密な連結をいいました。

地域の産業活動と就労

　産業活動（生産・販売活動）には生産要素としての労働力が必要です。第6章では，地域経済や民間企業を中心とした産業活動と就労・雇用の基本的な関係について説明します。

1　収入獲得と就労の形態

1-1　自営と被・雇用者

　就労・就業・従業とはすべて仕事に就くこと，働くことですが，就労は雇われる形態（被・雇用）と自分で事業を行い，事業収支を自分で管理する形態（自営）に分かれます。つまり，誰かに雇われているのではなく，自ら事業を経営する独立個人，または店舗や会社・事務所を事業として経営する人の就労形態を，自営といいます。自営を英語では self-employment と表現しますが，直訳すると，自らを雇うという意味となります。自営とは，農林水産業への従事や，自分が経営する店舗や会社で製品やサービスを生産・販売する形態なので，販売した量が多いほど収入は増えますが，売れなければ（組織としても個人としても）収入はまったく保障されていないという立場です。

　自分で事業（商売）を行う人を自営業者ともいいます。自営業には，農林水産業への従事と，製品・サービスの販売，飲食，それ以外の産業での事業の経営という形態があり，[1]個人が一人で事業を行う場合と，個人が家族と一緒に事業を行う場合（事業創業者とその家族従業者だけ），または自営業主（経営者）が第三者の従業者を雇用する形態などがあります。

給料は，正規の勤務時間に対する報酬（つまり，「基本給」のこと）です。給料から所得税・住民税，社会保険料を差し引かれた金額が，手取り給与額となります。（社会保険は年金，医療・健康保険，労働・失業保険等を支払うことです。第9章で説明しています。）

給料（基本給）に残業代や諸手当，賞与または年間一時金（ボーナス）を加えた金額を，給与といいます。手当とは，家族（扶養）手当，住宅手当，超過勤務手当，育児手当，勤勉手当，（特殊）職務手当，技能手当，役職手当などをいいます。企業や組織により，手当の名称や内容は違うかもしれません。

また，給料や手当以外に，賞与，一時金，臨時手当てなどを支給する会社や組織もあります。年俸制の場合，給与と手当等を合計した形で年間収入が決まります。なお，賞与にも所得税・住民税が課税されます。

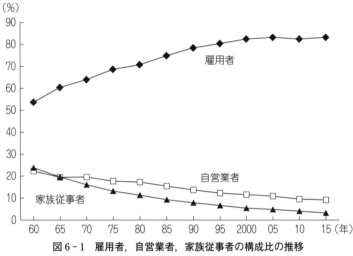

図6-1　雇用者，自営業者，家族従事者の構成比の推移

出所）厚生省人口問題研究所編『人口動向　日本と世界』2019，から筆者作成。

　「誰かに雇われる」という就労形態は，給与所得労働者（サラリーパーソン）や時給労働者に対応します。図6-1に示した通り，日本では，約85％の人が「雇われている」形態での就労です。文字通りの雇用とは誰かに雇われる（雇用される）という形態ですので，雇われている人のことを被・雇用者（または被用者）とも言いますが，それは正規雇用者と非正規雇用者（または常用雇用

者と非・常用雇用者）からなります。非正規雇用者にはパートタイマー，アルバイト，派遣社員，契約社員，嘱託社員などの形態があります。収入は，毎月の給与として受け取るか，時給金額と労働時間の組み合わせで決まる金額（給料に近い報酬額）を受け取るかが大半です。

1-2　従業者の実態

　日本での具体的な就労実態について，2018年の従業者の従業形態別の構成人数を確認してみます。表6-1に示したとおり，日本の従業者数は6664万人で，自営業者数535万人，それに関わる家族従業者数151万人，組織に雇われている人の数（雇用者数）が5936万人です。雇用者のうち役員が340万人，一般の従業者が5596万人ですが，一般の従業者数はさらに正規の職員・社員数3476万人と非正規の職員・社員数2120万人に区分されます。非正規職員・社員数は一般の従業者数（5596万人）の38％です。非正規の職員・社員とは，一日8時間労働（それをフルタイムといいます）に満たないパートタイム1035万人，不定期・不規則な就労形態となっているアルバイト455万人，契約社員296万人，派

表6-1　従業者の実態（2018年）

単位：万人，％

従業者数	6,664	100
自営業者数	535	8.0
家族従業者数	151	2.3
雇用者数	5,936	89.1
役員	340	5.1
一般の従業者	5,596	84.0
正規の職員・社員	3,476	52.2
非正規の職員・社員	2,120	31.8
パートタイム	1,035	15.5
アルバイト	455	6.9
契約社員	296	4.4
派遣社員	136	2.0
嘱託社員	120	1.8
その他	80	1.2

注）一部の項目で合計数値と一致しない。
出所）総務省『労働力調査年報』平成30年版
　　　から筆者作成。

表6-2 従業者数で見た日本の産業構造

従業者数　　　　　　　　　　　　　　　　　　　　単位：万人，%

産　　業	1999	2008	2008	2018
農林業	307	245	247	210
建設業	657	537	541	503
製造業	1,322	1,144	1,151	1,060
通信通信業	154	209	190	220
運輸業・郵便業	327	320	343	341
卸売・小売業	1,182	1,105	1,070	1,072
金融・保険業	254	164	164	163
不動産業，物品賃貸業			111	130
宿泊業，飲食サービス	363	334	372	416
生活関連サービス業，娯楽業			237	236
教育・学習支援業	264	288	284	321
医療・福祉	443	598	600	831
複合サービス事業	74	57	56	57
サービス業	790	944	486	445
公　務	214	223	225	232
合　　計	8,350	8,176	6,077	8,255

構成比率

産　　業	1999	2008	2008	2018
農林業	3.7	2.99	4.1	2.5
建設業	7.9	6.6	8.9	6.1
製造業	15.8	13.99	18.9	12.8
通信通信業	1.8	2.6	3.1	2.7
運輸業・郵便業	3.9	3.9	5.6	4.1
卸売・小売業	14.2	13.5	17.6	12.99
金融・保険業	3	2	2.7	1.97
不動産業，物品賃貸業			1.8	1.6
宿泊業，飲食サービス	4.3	4.1	6.1	5
生活関連サービス業，娯楽業			3.9	2.9
教育・学習支援業	3.2	3.5	4.7	3.9
医療・福祉	5.3	7.3	9.9	10.1
複合サービス事業	0.9	0.7	0.9	0.7
サービス業	9.5	11.5	7.99	5.4
公　務	2.6	2.7	3.7	2.8
合　　計	100	100	100	100

注）2008年に産業分類の大幅な変更があったので，2008年数値
　　は2つ，示している。

出所）『労働統計要覧』平成17年度，『労働力調査年報』平成20
　　年版，30年版から筆者作成。

遣会社に登録して派遣会社から派遣先を指定され，そこで働く派遣社員が136万人，「定年」後の再雇用など嘱託社員120万人，その他（分類・詳細不明など）80万人です。

　表6-1からわかる通り，全従業者数の32％（一般の従業者数5596万人のうち38％）に相当する2120万人が非正規の職員・社員です。その半数近くがパートタイム従業者です。

　なお，表示していませんが，非正規職員・社員の収入は正規職員・社員の約7～6割です。さらに，2016年の資料で見て，世帯主が非正規の職員・社員は一般の従業者数の11％であり，その従業形態に不本意な非正規の職員・社員は同15.6％（25～34歳では24.3％）です（『厚生労働白書』平成29年版，204頁ほか）。

1-3　日本全国および四大都市での産業別従業者数

　どの産業で働く人が多いかを確かめてみましょう。表6-2から，2018年，全国については卸売・小売業13％，製造業13％，医療・福祉10％と約8割の人が広義のサービス産業で働いており，約3割の人が狭義のサービス業で働いているとわかります。

　表6-3では，日本の四大都市について，産業別の従業者数比率を示してい

表6-3　従業者数でみた，4大都市の産業構造の推移（2014年）

単位：人，％

	東京都特別区		横浜市		名古屋市		大阪市	
全産業	8,066,791	100	1,573,667	100	1,498,995	100	2,354,657	100
農林漁業	2,344	0.03	1,126	0.1	426	0.03	555	0.02
非農林漁業	8,064,447	99.97	1,572,541	99.9	1,498,569	99.97	2,354,102	99.98
建設業	384,198	4.8	93,139	5.9	91,381	6.1	124,385	5.3
製造業	544,270	6.7	149,815	9.5	145,094	9.8	228,246	9.7
電気・ガス・熱供給・水道	29,054	0.4	6,600	0.4	10,177	0.7	11,321	0.5
情報通信業	791,913	9.8	60,922	3.9	56,482	3.8	132,822	5.6
運輸業，郵便業	409,904	5.1	95,456	6.1	74,884	4.996	114,431	4.9
卸売業・小売業	1,696,879	21.0	296,855	18.9	431,020	28.8	546,629	23.2
金融業，保険業	371,544	4.6	35,361	2.2	42,238	2.8	83,751	3.6
不動産業，物品賃貸業	300,918	3.7	50,680	3.2	41,248	2.7	86,610	3.7
サービス業	3,321,459	41.2	745,100	47.3	662,598	44.2	977,367	41.5
公　務	212,374	2.6	38,613	2.5	33,447	2.2	48,504	2.1

出所）大都市統計協議会編集『大都市比較統計年表』平成28年，82-87頁から筆者作成。

ます。それを見ると，大都市における就労の中心となる産業はサービス業，卸売業・小売業です。第5章で見たとおり，サービス業の中身は多様です。

　なお，表示していませんが，卸売業・小売業といっても総合商社や大規模店舗から小規模店舗までさまざまです。小規模店舗は，人口が多い地域においても多く，東京都区部でも，卸売・小売業の事業所の52％が4人以下の職場です。都市部を含めて，地域の雇用機会（「働く場所」「職場」）を作っているのは，中小企業や個人商店が多いといえるでしょう。[2)]

2　地域内外での生産・販売の形態と雇用

2-1　有形物を生産・販売する事業

　地域で産品や製品を作り，それを地域内外で売ります。生産物（産品や製品）がよく売れると，生産や販売の仕事量も増えることになるでしょう。生産物の販売量が減ると，生産活動の縮小を余儀なくされます。それにつれて，販売事業や生産事業の雇用状況も影響を受けることでしょう。つまり，生産に関わる仕事の量は売れ行きに依存するので，結局は，販売量の変化が雇用の必要性を左右することになります。

　（1）地域内で生産し，地域内で販売する形態

　（地域内外の）顧客がその地域内の生産物を買うと，地域内の生産者に収入が入ります。また，地域内の生産者が，顧客の必要な物や買いたい物を提供し続けているならば，顧客を継続的に確保できる状態が続き，生産者・販売事業者の生産・販売活動は順調に推移するでしょう。顧客が望むものを提供し続けることが，地域における生産者や販売者の業務を維持できる条件となるのです。地域内での生産業務量が多いほど，また地域内での販売店舗等の業務が活況であるほど，地域内で雇用機会は多くなるでしょう。

　（2）顧客が地域内の店舗で，地域外の生産物を買う場合，地域内の生産者に収入はありませんが，地域内の販売事業者は収入を得ます。地域内での販売業務が維持される前提条件は，顧客が地域内の店舗で購入することです。

　（3）顧客が地域外の店で，地域外で生産された物・サービスを買うとき，

地域内の生産者も地域内の販売事業者も収入を得られません。収入がない状態が続くと，地域内での生産業務も販売業務も縮小していき，いずれは事業活動として成立しなくなるかもしれません。

　（4）地域内の生産者が作った生産物を，地域外の顧客に多く売る状態のとき，地域外から地域内にお金が入ってきます。地域外への販売拡大（地域内での生産）を拡大させている状態が続く限り，地域内の生産者・販売事業者は多くの収入を得るし，地域内で生産に関わる業務は維持または増加するので，ときには雇用が増えることもあるでしょう。

2-2　サービス（無形物）に関わる産業

　サービスには，「人から人へ」のサービスと，「機械から人へ」のサービスがあります。つまり，サービス提供形態には，対面接客型と非対面接客型（機械操作型）があります。

（1）対面接客型で，「人から人へ」のサービス提供の形態

　飲食店のほか，理容，美容，医療・介護，保育，教育，交通，窓口金融，宿泊，実店舗のある小売業など「人から人へ」のサービス提供では，原則として，顧客が店舗に行くか，事業者が顧客のところに出向くなど，対面接客する形式となります。対面接客型サービス提供業は地域密着型産業の典型です。人（事業者）が地域内の顧客にサービスを直接に提供するからです。地域内の特定の場所で居住者などにサービスを提供・販売する形となるので，サービスを購入（消費）する人が地域内に一定数以上にいれば事業採算が合い，事業を続けることも可能になります。よって，雇用機会は事業所がある地域内に生じます。対面接客型サービス（無形の商品）を買うというのは，文字通り，地域で生産された（産出された）サービスを地域で消費する形態です。

　なお，対面接客型サービス提供業に関しても，顧客が存在すると見込まれる地域に事業所を設置して，立地したそれぞれの地域ごとにサービスを提供していく複数事業所型の形態もあります。1つひとつの店舗や事業所の業務範囲は限られていても，複数の事業所を設置することで，地域内外の地域をカバーし

ていくことが可能となります。

（２）労務・業務を代行するサービスの形態

　清掃，警備，輸送，調理，経理などの労務や業務を代行するサービスでは，サービスの購入（予約，依頼）とサービス提供の場所と時間（タイミング）を分離することができます。電話や電子メール等で業務の申し込みや依頼が可能となり，（代金を支払えば）サービスを購入できるでしょうが，サービスの種類と形態によっては地域内に雇用が生まれるとは限らないでしょう。

（３）サービスの購入者または利用者が自ら機械・機器を操作してサービスを得る形態

　自動販売機・ベンダー機器やATMなど機械・機器の操作やカメラ付き・音声マイク付きの遠隔管理型端末機器を通じてサービスを提供する形態もあります。この場合，顧客が自ら自動販売機や事務手続きの自動処理機械などを操作して，サービス・物品の購入や購入・予約に関わる手続き等を行い，用途を達成します。遠隔管理型サービス提供方式では，サービス販売と地域の雇用とが必ずしも連動しません。機器設置の主な目的は省人化ですから，サービス提供時に地域の人が直接に行う仕事はなくなります。ただし，機械内に物品や金銭を補充するなどの業務が定期的に必要なので，そうした仕事（設置機械を管理する仕事）は現場に残ります。また，機械設置場所の所有者に場所の利用料や手数料が入ることもあります。

（４）インターネット経由で，サービスを提供する形態

　パソコンやスマートフォン等を使い，インターネット上のカタログ通信販売サイトを経由したサービスの購入や各種の予約サービスの利用もあります。日用品の多くをインターネット経由で購入する居住者が増えると，その地域内における小売店や一部サービス業の売上は低下しますから，地域内の販売業務量は減少し，雇用は減るでしょう。地域外に拠点を置くインターネット上のサービス事業者が，そのユーザーの居住する地域内での生産や販売の仕事を生むこ

とは，ほとんどありません。地域内の店舗に行かないでインターネット経由の購入発注を行う人が増加すると，地域に残るのは，荷物を運ぶ人の仕事と荷物を一時預かりする人の手数料収入だけでしょう。

3　地域での産業活動と雇用機会

3-1　雇用と事業者の経営能力

　就労とは，財（産品や製品）やサービスを生産する仕事を行うことや，地域内外で作られた物品やサービスを販売する仕事を行うことです。地域において雇用機会を維持または創出するためには，地域内での生産活動や販売活動が活発でなければなりません。（既存）事業の遂行に要する人員は，その事業の好調・不調，つまりは，製品・サービスの売れゆきに依存しているのです。事業の好調・不調は（たとえば，地域の人口や消費・購買行動など）ビジネス環境にも影響されるかもしれませんが，その事業者が提供する財・製品やサービスの魅力や販売価格水準などとも関連します。

　事業者は，提供する製品・サービスの販売促進とその製品・サービスの内容の改良や用途開発を行っていると思います。しかし，顧客が必要とするものや顧客が求めている財・製品・サービスを提供しなければ，いかなる地域においても，事業者の期待通りには売れないでしょう。事業内容をさまざまに改善し，その事業に新しい要素を付け加え，製品・サービスの魅力を打ち出すことなどの対応が日常的に求められているのです。

3-2　企業の生産・販売活動と雇用の状況

　仕事を行う上で，業務ごとに労働力が必要です。労働力を必要とすることと，労働力を多く必要とする仕事の状態とは意味や条件が違います。雇用が増えるためには，消費や投資など顧客の現在の需要量が今後も続くか需要量の拡大が見込まれることが必要です。販売状況の好調が持続すると見込まれるならば，雇用の維持や雇用増加（新規雇用）の機会が生まれます。一方，販売額が停滞・低下すれば，事業規模の縮小や雇用の削減につながるかもしれません。製

品やサービスが一時的に多く売れたという状況ではなく，仕事量が全般的に増加し，職場での業務が多忙で人手不足感がないと，人員は補充されないでしょう。販売状況（売れ行き）やその見通しが雇用量を左右するのです。

3-3　新規雇用の状況

　財・サービスを生産することや販売することが，雇用機会の維持・創出につながっています。地域の産業活動とは，財や製品・サービスを作り，作ったものをその地域の内外で売ることです。販売量が減ると生産量も減らすので，生産・販売活動の量が雇用量を左右しています。

　新規に雇用が生まれる状況や新たな雇用を確保しようとするときの条件を考えてみましょう。それは，第1に，事業経営者が人手不足感と労働力増強の必要性を感じているときです。人手不足感とは，当初の計画以上に販売が好調で，生産・販売活動の業務を維持するために支障が出ている場合や業務多忙な状態が継続すると予想される場合など，現有の人員では業務をまかない切れないと感じ始めたときです。第2に，近い将来に退職する人がいるため労働力が明らかに減少するとわかっている場合には，（計画的な）人員補充がなされるでしょう。それ以外にも，第3に，慢性的な人手不足の状況にある企業や組織が存在する状況です。第4に，新しく事業を始める人がいて，その計画に基づいて，人を雇う場合などがあります。

　結局，販売が好調で，今後も業務多忙と予想されるとき，事業活動に必要な能力（職業的能力）をもつ人を，活動に必要な人数だけ，新たに雇用する可能性が出てくるのです。

4　地域での就労機会

4-1　人々（地域居住者）が生活を支えるのための収入と地域での仕事

　今住んでいる地域に住み続けたい気持ちが強い人も少なくないでしょう。また，一度，違う地域に住んだ後，いずれ元々の地域に戻ってきたい人など，さまざまな考え方や事情があるでしょう。人・居住者が現在地や希望する地域に

住み続けることができる条件を考えてみます。

　現在，住んでいる（これまで，住んでいた）地域に住み続けたいとしても，収入あるいは資産（または資産からの所得収入）がなければ，人の生活は成り立たないので，その地域に暮らすことはできないでしょう。

　人が生活に必要なお金を入手する方法（人々の生活収入源）にはいくつかの形態があります。人の収入源としては，就労に基づく収入（とくに雇用された人の給与所得収入や自営業者の所得収入）が代表です。それ以外に，多くの退職者は主に年金収入をもとに暮らしています。一方，一部の資産保有者は，土地や建物の賃貸料収入，資産運用収入・投資収益などを得て暮らしています。

　社会生活として，人は働いて所得を得て，それをもとに消費支出すること（就労と消費）を基本としています。退職者や就学前・就学中の未就労者などを除き，多くの人は就業者かつ消費者です。就業者は財・製品・サービスを生産または販売する仕事やサービスを提供する仕事に従事して，働いた結果として収入を得ています。仕事で得た収入をもとにその人が必要とする財・製品・サービスを購入して生活しています。

　生活必要物資や必需的サービスなど必要なものを買うためには，お金が必要です。働かなくてもよいほどの資産や資金をもっている人を除くと，生活を支える収入源を確保するためには，居住地域の内部か通勤可能な範囲の場所で就労して収入を得ることが必要です[3]。現代は物・サービス・機能はあふれていますが，人が生計を立てるには，いくらかのお金が必要です。

4-2　地域で仕事を見つけるということ

（1）地域と仕事

　その地域に暮らすために必要な収入を得る上でも，地域内での仕事確保が前提となります。しかし，地域で自分に合う仕事（職場）を探してみるとき，(1)高い収入を望むと，仕事は見つからないかもしれません。専門的能力を発揮できる仕事（職場）がない地域もあります。(2)高い収入を望むわけではないが，仕事はない，仕事が少ない地域もあります。

　大都市では仕事の数も多いかもしれませんが，自分が希望する職場に対して

は他人も同様に希望しているかもしれず，同じ仕事をめぐる就労上の競合も大きいと予想されます。

地域内に生産，販売，サービス提供，配送等を行う本拠地をもち，その地域での経済活動を中心としている企業を「地場企業」と呼ぶとしたとき，地場企業の販売先は地域内だけとは限られないでしょう。地場企業でも，地域外に製品やサービスを販売する企業もあります。販売が好調な場所はその地域の外かもしれないのです。また，地域に本拠地をもつ企業といっても，地域の人を多く雇用するとは言い切れません。いずれにしても，その企業の販売が好調で人手不足とならない限り，新たな雇用は生まれないわけです。

（2）（自分にあう）仕事がないということ

人は働いて，所得収入を得ます。その地域に住みたいが，そこに（自分にあう）仕事があるでしょうか。自分が関心をもつ地域に今ある仕事での新規求人があるでしょうか。仕事を求める人と地域にある仕事のパターンを考えてみます。

1つには，その地域には，新しい仕事がない。

2つめには，新規雇用はない（少ない）けれども，自分が希望する職種で別の人が働いている。つまり，すでに勤務している人が行っている仕事と同じ仕事についての新規の求人がないこともあります。

新規の雇用は，地域に存在する企業や組織の活動状況や企業経営者の事業経営能力に依存すると思います。企業や組織の活動状況が活況になると見込まれると，投資や新規雇用が増えるとも考えられますが，少し厳密に考える必要がありそうです。

雇用する立場から見ると，給料を払えるだけの収入を上げていることが民間企業にとっての「人を雇う」ための前提となります。あるいは，一定の販売額（売上高）があり利益が出ているか，または収入と支出がほぼ均衡という状態であることに加えて，現状または近い将来において，人手不足などの状態が予想されることが「新たに人を雇う」上での前提条件となります。一方，費用総額を上回る売上高収入を見込めない（それを維持できない）場合，雇用は増え

コラム 15 地域での雇用者数の変化に関する統計

　地域雇用者の変化の総数は，既存事業の拡大と縮小に伴う雇用者数の増減と，開業と廃業による雇用者の増減数の合計となります。開業と廃業による雇用者の増減数は，新たに事業を始めた事業所（新規開業と他地域から移転してきた事業を指します）での雇用創出数，既存事業所の廃業・閉鎖に伴う雇用削減数の合計値です。算式で示すと，以下のようになります。

　　地域での雇用者総数の純変化（＝増加数－減少数）＝「既存事業所における雇用者の増加数－縮小数」＋「新規開業と事業所新設に伴って生まれた雇用者数－廃業と事業所閉鎖に伴って失われた雇用者数」

　るどころか，現在の人・従業者を減らすこともあるのです。つまり，企業業績（主として販売）の不振が続くと，現在の業務の一部は不要となり，今いる人さえも必要としない状態に近づいていくので，場合によれば，辞めてもらうことにもなりかねません。販売状況と生産活動と雇用維持は，相互に強く関連しているのです。

　「誰かに仕事を作ってもらいたい」という意見があるかもしれませんが，人を雇うという行為（雇用）は，慈善事業ではありません。営利企業では原則，採算基準に基づいています。非営利組織においても中長期的には収支均衡をはからなければなりません。公務員でも業務に必要とされる以上の人数を雇うことはないでしょう。公的資金を使って行う事業が地域社会として必要であり，追加雇用が必要・妥当とみなされない限り，人の補充をしないでしょう。広く言えば，給料を払うことに相当するだけの経済的価値や社会的価値を生み出す事業として，地域の人々に認められなければならないのです。

練習問題

1　自分が住む地域で，従業者数が多い産業は何でしょうか。
2　地域で雇用が増えるためには，どのような状況や条件が望まれているでしょうか。
3　自分が住む地域の産業活動と，自分の就労機会や就労実態との関連性を説明してください。

注

1) 自営業は自由業とは違います。自由業の人は，組織の決定から独立して（時には，組織に雇用されず）仕事の請負いや注文内容ごとに契約内容の仕事を行う人で，職種としても作家，俳優，モデル，司会者などがあります。「フリーの○○」とも呼ばれています。

　2018年において，日本の企業総数は410万社で，そのうち，法人企業数は約201万社（うち会社175万社，会社以外26万），個人企業数は209万社です（総務省統計局『日本統計年鑑』2019年，200-201頁）。

2) 明石芳彦「大都市の産業活動と事業所数・従業者数に関する基本的実態分析」大阪商業大学『地域と社会』22号，105-125頁，2020年2月に基づきます。

3) 人々の収入源（生活に必要なお金を入手する方法）として，その他に，年金受給や資産があります。年金生活者（年金受給生活者）は，生まれながら障碍を持つ人，交通事故・スポーツ事故・疾病，その他の理由による障碍がある人等を除くと，年金受給資格が発生するのは60歳以上の人です。それは日本の定年制度での退職年齢と重なっています。なお，年金とは，退職後の生活を支えるために受け取る収入です。当人が就労期間中に，または受領可能年齢までに支払った累計金額に応じて，年金受取金額は一人ひとり違います。年金支給開始時は当人の年齢（年月）で決められていますが，言うまでもなく，受領可能年齢（60歳や65歳など）を超えて就労する人もいます。

　一方，資産保有者とは，文字通り，資産を保有する人です。資産とは主に不動産（土地・建物）と金融資産（現金，証券）であり，資産収入とはそれらの賃貸・売却等からの収入や金融資産保有に基づく配当，利子，運用益などです。

地域の産業活動と資金の動き

　日常用語で「地域内でお金が回る」という言い方があります。それは地域内で誰かがお金を使う（地域内の物品・サービスを購入する）と，お金を使った人（購入者）から販売者・生産者にお金が移り，その販売者・生産者が地域内で物品・サービスを購入すると，お金の持ち主がさらに移っていき，お金は地域内をいつまでも循環的に回り続ける状況を意味するようです。本当に，そうなのでしょうか。地域内でお金が回る状況を経済学では地域内資金循環と呼びますが，第7章では，その意味とそのように成り立つ仕組みや条件について考えてみましょう。

1　地域での生産・販売と購入

1-1　地域内外での生産・販売・購入の形態と地域経済

（１）地域経済と財・サービス・資金の動き

　地域の経済・産業活動の大枠を捉えるときには，地域内外の産業・企業の生産・販売（供給）と消費（購入）の関係に注目します。一般に，生産物（財・サービス）を購入する需要には，①家計消費と住宅取得，②企業の設備投資，在庫投資，③政府・地方自治体の消費と公共投資のほか，④輸出（外国からの需要）からなります。なお，事業者・企業が行う投資には，生産に必要な材料や部品等の調達（中間財需要）と最終的な機械設備・システムを購入するための支出（最終財需要）からなりますが，中間財需要の金額は最終財の販売金額に含まれているので，ここでいう投資は最終財需要に相当します。

　地域内の生産（供給）と購入（需要）の関係は，図7-1のように図示できます。まず，需要側は地域内での需要（消費財，投資財）と，地域外からの需

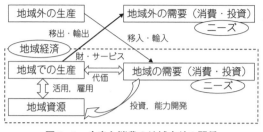

図7-1　生産と消費の地域内外の関係

出所）筆者作成。

要からなります。そのとき，地域内の需要に応えるために，地域内で生産した
ものが地域内の需要に提供される関係を基本としつつ，地域内で生産できない
分は地域外での生産で充当される（事業者が仕入れて販売する，供給する）と
いう関係です。供給の元となる源泉は，地域内生産と地域外生産です。

　地域内で生産されたものが地域需要に提供されますが，地域内の購入や需要
が少ないとか，地域外からの購入や需要が多い場合，地域内で生産したものは，
地域外の需要（顧客）に向けても供給・販売する形態となります。

　地域外からその地域に財・製品やサービスが入ってくる際，国外からの財・
サービスの購入を「輸入」，国内他地域からの財・サービスの購入を「移入」
と呼びます。一方，地域内で生産したものを，地域外に供給・販売するとき，
販売先が国外の場合を「輸出」，販売先が国内他地域の場合を「移出」と呼び
ます。

（2）家 計 消 費

　一般に，家計消費とは，家計部門の消費のことです。家計消費支出額は，日
本全体の需要の5割以上を占めています。消費支出の項目は，食料，交通・通
信，教養・娯楽，教育関連，光熱・水道などを筆頭に，衣類（被服），外食・
飲食店費（交際費），家具・家事用品，健康・医療などです。なお，金額的に
大きな項目として借家の世帯では家賃があり，持ち家の世帯では住宅ローン返
済金があります。ただし，住宅ローン返済金は財産形成の一環とみるので家計
消費支出には含まれません。家計消費支出でいう住居費とは住宅設備修繕・維

表7-1　住居の所有関係別に見た実収入と消費支出等の状況（2017年）

単位：円

	勤労者世帯	持家世帯	うちローン返済世帯	民営借家世帯
実収入	533,820	550,065	617,950	459,170
非消費支出	99,405	104,430	120,042	75,276
可処分所得	434,415	445,635	497,908	383,894
消費支出	313,057	317,501	322,755	296,972
住居費	18,532	9,210	7,143	62,130
うち家賃・地代	11,419	486	445	61,200
うち設備修繕・維持費	7,114	8,724	6,698	930
黒字	121,358	128,134	175,153	86,921
住宅ローン返済額	36,179	45,197	90,912	969

注）二人以上の世帯のうち勤労者世帯について。
　　本表の非消費支出は，出所資料における実収入から筆者が可処分所得を引いて計算した値。
　　原資料は，総務省統計局『家計調査年報』
出所）『統計でみる日本』2019，43頁の資料から筆者作成。

持費用や家賃・地代を指します。

　地域に暮らす人々は製品・サービスの生産・販売という仕事に関わって収入を得ていて，各自が必要とする財やサービスを購入する形で，そのお金を使っています。家計の収入は，世帯主収入と世帯主以外の人の収入の合計からなります。それを家計の実収入と呼びます。実収入から，所得税や住民税などの直接税と，年金，健康保険，介護保険などの社会保険料を差し引いた残額を可処分所得といいます（直接税と社会保険料の合計を非消費支出ともいいます）。可処分所得から食費，教養・娯楽費，通信費などの消費支出を賄います。居住する地域，居住環境，世帯構成，生活様式などに応じて，消費支出の項目割合は家計ごとにまちまちかもしれません。

　可処分所得から消費支出額を引いた際，残余金が生じれば（表7-1では「黒字」と記載），そのお金は手元資金（現金）や預貯金となるでしょう（贈与，貸付，借り入れ，寄付，仕送り等を省略しています）。

　以上のことを踏まえて，表7-1には，持家世帯全体とそのうち住宅ローンを返済中の世帯，そして借家世帯のうち民間借家世帯について，収入や消費支

出などの平均値を示しています。表7-1から，持家世帯の方が民間借家世帯よりも，収入や可処分所得，消費支出額は多いとわかります。

（3）地域の生産・販売活動，人々の消費行動と資金の動き

さて，家計の消費以外にも，企業やその他の組織や政府部門（地方自治体）も，組織の予算や資金の中から必要な物やサービスを消費・購入しています。こうして，地域社会全体をみると，地域内外の生産者・販売者と個人消費者や企業・政府の間をお金が動いています。

人々の購買行動とお金の動きに注目して整理してみると，次のような形態に分かれるでしょう。

　形態1　地域内で生産した財・サービスを，地域内で販売する（地域内の人や組織がそれらの財・サービスを購入する）。

　形態2　地域内で生産した財・サービスを地域外で販売する。

　形態3　地域外で生産された財・サービスを地域内で販売する（地域内の人や組織がそれらの財・サービスを購入する）。

　形態4　地域内の人や組織が，地域外で生産された財・サービスを地域外で購入する。

これら4つの形態を見ると，誰かが地域内外でお金を使った時，そのお金が地域内を回るかどうかを確かめることができます。以上の形態は表7-2のようにまとめることができます。

なお，生産活動の主体は企業や個人事業者（農林水産業者，自営業者）です。製品・サービスの供給は，地域内生産と地域外生産から構成されているので，

表7-2　人々の購買行動とお金の動き

	地域内で生産された財・サービス	地域外で生産された財・サービス
地域内店舗・事業所で販売	地域内でお金が回る	販売者の収入を除き，お金は出ていく
地域外店舗・事業所で販売	地域にお金が入る	地域からお金は出ていく

地域内の需要に応えるために，地域外や国外での生産物を購入することもあり，その場合には，お金は地域外に出ていくのです。

（4）財・サービスの販売と資金の動き

　地域内外の店舗で販売・取引される財・サービスの（購入場所と）生産場所を組み合わせて考えます。図7-2において，a-1の場合，地域内の生産者と販売者に収入が入り，地域内でお金が回ります。a-2の場合，地域内の生産者に収入はないですが，地域内販売者は収入を得ます。a-3の場合，地域内の生産者と販売者に収入はなく，地域内からお金が出ていきます。a-4の場合，地域内のお金が増えることになります。

　図7-3においては，b-1の場合，地域内での「人から人」へのサービス提供を中心とするので，地域内でお金が回ります。b-3の場合も，地域にお金が入ってきます。一方，b-2の場合，地域外で企画・運営されているサービスが

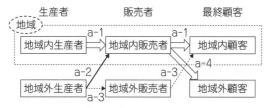

図7-2　物品の生産・販売とお金の動き
注）地域内の当事者の状況を中心に表示している。
出所）筆者作成。

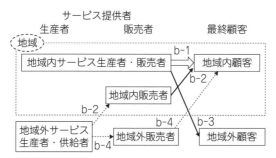

図7-3　サービスの生産・販売とお金の動き
注）地域内の当事者の状況を中心に表示している。
出所）筆者作成。

多いと思いますが，地域内に事業所がある都市部では，地域内販売者に給料等の形でお金が入ります。b-4の場合，「機械から人」へのサービスが多いのですが，地域内にそのような事業所がなく，機械を設置しただけの地域では，地域内からお金が出ていくことになります。

いずれにしても，このような形態別に考えていくと，購入した製品・サービスがどこで作られたか（製品・サービスを販売者がどこから取り寄せたか），そして，作ったものをどこで販売するかなどを区分できます。また，地域内外の生産と消費・購入を通じたお金の動きを知ることができます。

1-2 地域居住者の就労地と地域就労者の居住地と，お金の動き

地域居住者は，居住地域とそれ以外のどこで収入を得ているでしょうか。居住者が収入を得ている地域について考えてみます。第1に，地域居住者が地域（自治体）内で働く場合，地域内の就労地から収入を得るので，給料等のお金は地域内で動くことになります。事業者や企業が獲得したお金も同様です。第2に，地域居住者が地域外で働く場合，給料等のお金は地域外から地域内に入ってくる形態と理解できます。

一方，この地域で働く就労者はどこに住んでいるか（地域の職場は，どの地域に居住する人に給料等を支払うことになっているのか）に注目してみます。すると，第1に，地域内で働いている人が地域内に居住しているならば，給料等のお金は地域内で動いていると理解できます。第2に，地域内で働いている人が地域外に居住している（地域外居住者が地域内に働きに来る）場合，この地域で収入を得て地域外の居住地に持ち帰るので，給料等のお金はその地域から出て行くと理解できます。

以上をまとめてみると，表7-3のようになります。

表7-3　地域居住者の就労地と地域就労者の居住地

		就労地	
		地域内	地域外
居住地	地域内	お金は地域内で回る	お金が地域外から入ってくる
	地域外	お金は地域外へ出て行く	（無関係）

2　地域の生産・販売活動と生産プロセスの産業的連関

　地域内外での① 生産，② 販売に関する競争が繰り広げられています。地域内で有形の生産物（財，製品）が売れたときを中心に，生産・販売活動が地域内に及ぼす経済効果を考えてみます。

2-1　「販売から生産へ」の影響

　製品を作るためには，原材料を仕入れ，それを加工し，部品や部分品などの中間財を作り，それらを組み合わせて最終財（完成品）を作ります。原材料から次第に製品の形になっていくわけですが，この一連の生産活動の工程を「生産プロセス（または生産工程）」といいました。また，その一連の生産活動（生産プロセス）を川の流れになぞらえて，原材料を扱う工程・段階を川上側，最終財に近い工程・段階や顧客への販売段階を川下側と呼びます。

　最終財である製品（・サービス）が多く売れると，通常は，売れた分だけをまた作ることになるでしょう。図 7 - 4 に示したとおり，製品（・サービス）を販売したことが製品の追加的な生産を誘発し，さらなる生産のために，元と

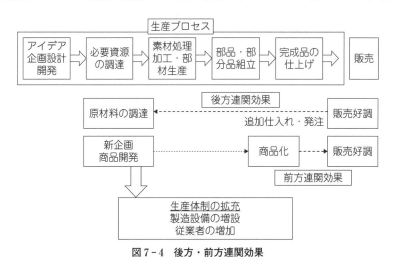

図 7 - 4　後方・前方連関効果

出所）筆者作成。

なる材料や資源・産品を多く購入するようになります。川下側での販売拡大が，川上側の材料調達や加工業務や部品・製品の生産業務の拡大を誘発すること（ときには要望も出すこと）を「後方連関効果」と呼びます（顧客に向かって，顧客とは逆方向に，「原材料 ← 部品，中間財 ← 最終財」，つまり，生産プロセスをさかのぼる効果ゆえ「後方」と理解してください）。それは，「販売から生産へ」の影響といえます。

2-2 経済波及効果の3局面

　製品・サービスが売れた金額（販売額）を「直接の需要効果」と呼びます。また，（販売できた製品・サービスと同量の生産をするとか，売れた量に上乗せした量を生産するなど）製品・サービスの販売に誘発された新たな生産額や工場から出荷した金額（卸売業者や小売業者への販売額）を「1次波及効果」と呼びます。それは，販売（者）の時点（次元）と生産（者）の時点（次元）との違いです。

　さらに，販売拡大の結果，生産や販売に従事している人の収入が増えたとき，それに応じてそれらの人々の消費支出額が増加する効果を，「2次波及効果」と呼びます。製品・サービスが，計画以上に製造・販売されて，通常を上回る労働に従事した人が，臨時的な収入を得た場合などに対応します。たとえば，訪日外国人が製品・サービスを大量に購入した結果，生産活動も拡大し，従業時間が延長された場合などがその例となるでしょう。あるいは，地域のスポーツチームが活躍し，関連グッズが大量に売れ，飲食店が大いに繁盛した場合にも，生産やサービス提供が予想以上に多忙となったという事例だといえます。

2-3 地域の経済的活動と産業的連関の効果

　製品・サービスが売れると，販売者は収入を得ます。販売者の収入のうち生産者から仕入れた代金分を，その生産者に支払うので，生産者の収入となります。それを作った人（生産者）が地域内にいれば，地域の生産者に収入が生じるでしょう。地域外の生産者から仕入れた場合，仕入れ代金分は地域外に支払われることになります。

　さて，財・サービスを生産するために必要な材料・部品・設備を地域内で調達できる比率（購入額で見て地域内でどれほど調達できるか）を地域内調達率と呼びます。生産したものがよく売れると，生産者に収入が入りますが，地域内調達率が高いほど，地域内の生産者への直接の経済的効果（後方連関効果）が大きくなります。逆に，製品が多く売れても，地域内での原材料や部分品等の調達率（および加工作業を行う比率）が低いならば，販売量の割には，地域での生産誘発効果，つまり，地域の生産者への経済効果が増えません。地域内での調達を実現するには，顧客に選ばれる製品・サービスの中間財を地域内で提供していることが前提となります。地域外で生産されている観光客向けの土産品が多く売れた場合，収入を得るのは地域内の販売者と地域外の生産者です。

　その意味で，地域内での調達率を引き上げるためには，購入者が求める条件を満たす生産物（中間財および最終財）を地域内で作ることが重要です。食料や原料など，地域内での必要物を地域内でまかなう比率を，地域内自給率といいます。1つの商品についての地域内自給率とは，地域内生産／地域内需要で計算されます。それは地域内で必要とするものを地域内で調達する（まかなう）ことができる割合をいいます。

　必要な材料や部品等を入手し，地域内で加工する連携性は，地域内サプライチェーンでもあります。完成品や完成前の段階の部分品，さらにその前の段階の原材料をだれが供給しているか，川下側事業者の視点からみて仕入れ・購入したいものを，生産し供給する順番に供給者を鎖のように結び付けて表示した関係図がサプライチェーンです。地域内の経済効果を高めるためには，地域内サプライチェーンを拡充すること（地域内調達率を高めること）が重要です。

　その地域の生産物，あるいは，地域のお土産を，地域外の人に作ってもらう場合，お土産が売れたとしても，代金として支払われたお金のうち，生産に関わる金額は地域外に出て行くので，顧客が支払った金額の一部分しかお金は地域内で循環していません（生産を地域外の人に依頼すれば，仕入れ代金分として売上高収入の多くは地域外に帰属し，販売者の販売手数料・マージン分しか地域に入らないのです）。地域内での原材料や部分品等の調達率（および加工作業を行う比率）が地域経済への効果に影響するのです。

このように，何をいくら販売したかということだけでなく，どこの誰から何をいくらで購入したかという地域の生産者や販売者と結びついた金額の大きさが，地域産業活動の経済効果を考える上での決め手となります。販売拠点だけではなく，生産場所はどこか（地域内か，地域外か）を確かめないと，地域への真の経済効果はわからないのです。

2-4 「生産から販売へ」の影響

　最終製品の販売促進に向けての商品企画・商品開発，用途開発など，企画開発した生産物が売れたときの効果を考えてみましょう。

　顧客に働きかける企画・商品開発などを強化した結果，川下側の販売（顧客の購入）量，または売れ行きが拡大するとき，顧客の方を向く（つまり「前方」を向く）努力という視点（商品企画・商品開発　→原材料　→部品，中間財　→最終財）なので，それを「前方連関効果」と呼びます（先の図7-4を見てください）。それは顧客が魅力を感じて購入したいと思うような製品・サービスを企画・開発し，具体化した場合です。たとえば，地域固有の材料等を用いて新しい製品をアピールするなど，顧客ニーズに合うように企画開発し，売上高が増えた効果や，生産・販売活動を強化した効果を指します。

　さて，誰でも，「売れる」と思って製品・サービスを作り，売ろうとしていますが，常に思うとおりに売れるとは限りません。製品・サービスが不足している地域・状況ならば，あるいは，地域において独占的に供給している状況（地域内・近隣に競合販売店などがない状況）においてならば，製品・サービスを店頭に並べただけでそれらは売れていくかもしれません。しかし，製品・サービスが豊富にある地域・状況では，店頭に並べただけでは売れないでしょう。この状況では，「作ったものを売る」のではなく，「売れるものを作る」必要があるのですが，何が売れるかは元来，不明なことが多いので，販売努力が必要になります。たとえば，売れるものの特徴や条件を探り，顧客にとって魅力あるものを提供する必要があります。つまり，機能を向上するだけではなく，売れるものや，魅力あるものを考え出す能力が重要といえます。

2-5　機械設備やシステム等の購入：投資という行為

　当初の生産計画以上に販売が好調で，今後も業務多忙な状態が継続すると予想される場合，好調な販売機会を逃さないように供給能力を増強するため，必要な生産設備を拡大することがあります。その際，企業は，原材料や消耗品とともに，自社の生産・販売・管理運営の活動に必要となる施設，機械設備，システム等を購入・賃貸します。生産・販売活動等の能力を高めるための支出（資金を投じること，そして，設備を購入・賃貸し設置すること）を「投資」と言います。投資した結果，施設，機械設備，システム等の能力が拡大し，より多くの製品・サービスを提供できるようになる，多様な対応が素早くできるようになる，製品・サービスを生産する際の生産単位当たりの費用を削減できるようになるなど，投資の目的は生産能力の拡大だけでなく，生産効率の向上につながることもあります。

　企業の投資について，地域に関するお金の動きから見たときには，機械設備やシステム等を生産する企業・事業者が地域内にいるかどうかが１つの関心事となります。[1] 地域内に供給できる企業・事業者が存在するならば，投資に関わるお金も地域内で回ることになります。一方，そうした企業・事業者が地域内に存在せず，設備などを地域外部の企業・事業者から購入する場合，地域内での投資が増えても，その多くが地域外の事業者への支払いとなるため，地域にあった資金は地域外に「流出」することになります。つまり，地域外企業・事業者への依存度が高いほどお金は地域外に出ていくことになるわけです。この現象は，非営利組織である学校法人，医療法人，社会福祉法人，地方自治体（その他行政機関）などの設備購入についても同じことが言えます。

　経済活動上の地域外部への依存を減らすことが地域内でお金を回すことに結び付いていると示唆されます。

2-6　投資財や中間財の調達先と地域内外での産業的結びつき

　事業活動として地域内で財・サービスを生産する際にも，事業に必要な原材料や消耗品とともに，部品・設備・施設・機械・システム等をどこから購入するか（地域内調達率）が，（販売・生産や投資を行ったときの）地域への経済

効果を左右します。とはいえ，地域内であらゆるものを作ろうとすると，結果的に，妥当な水準をはるかに上回る金額の経費がかかり，「無駄な」支出をまねいてしまいます。地域間や事業者間での分業関係を考慮して，予算に見合う価格で財を調達することが合理的だといえます。

　地域を中心とした経済的計算を厳密に行うならば，投資の結果，地域外から材料・部品・設備などを購入した代価を支払うために地域から出て行く金額と，それらを使用した産業活動を通じて，地域外からえられる売上高収入（地域内に入ってくる金額）との差額（収支の計算）を考えなければなりません。より多くのお金を地域内で循環（還流）させるには，地域を基本単位として，生産・供給と購入の連鎖的結合が成り立っていることが前提となるのです。しかし，お金の動きは個人消費者の購買行動や企業の投資行為の結果なので，一部の住民の希望的見解や行政の力とは別の次元で決まってくるのです。

3　付加価値額を拡大する

3-1　6次産業化

　農林水産業や製造業では財や製品を生産し，販売します。農業や漁業では収穫した農産物や水揚げした水産物を加工せず，そのまま販売しています（小分けして売るのは主に販売業者です）。一方，農林水産物や原材料を売れると思う形に加工し，製品とするのが加工業または製造業でした。また，自らは生産せず，未加工の財や加工された製品を生産者から購入し（仕入れ），小売業に販売することが（商社，問屋など）卸売業です。そして，財や製品を最終顧客に販売する事業が小売業です。一般に，卸売業と小売業をまとめて販売業（商業）と呼んでいます。

　しかし，農林漁業に関わる人が，農林水産物（1次産品）をそのまま販売するのではなく，自ら加工することも考えられるし，加工したものを自ら販売する，または自分たちが経営する食堂や飲食店で顧客に直接，提供することも考えられます。つまり，農林漁業者が生産・加工・販売という3つの機能をすべて行うという場合もありえます。

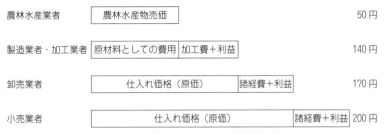

図 7-5　事業者別にみた付加価値形成の例示

注）加工費は，事業所賃料，設備償却費，光熱費，人件費などからなる。
　　諸経費は，事業所賃料，光熱費，人件費などからなる。
　　輸送費，倉庫保管料等を考慮していない。
　　人件費と利益等の合計が，付加価値額となる。
出所）筆者作成。

　農林水産業に関する新たな取り組み事業を産業分類に従って区分してみると，産品を獲得するのは第 1 次産業，（農林水産物を作業所や工場等で）加工するのは第 2 次産業，（パッケージ包装した）加工製品を店舗で販売する小売業や，農水産物を調理して飲食店で提供する飲食サービス業は第 3 次産業です。1 次，2 次，3 次の数字を合計すると「6 次」となるので，農林水産業関連者・関連組織が，第 1 次産業，第 2 次産業，第 3 次産業のすべてを行うことを，比喩的に「6 次産業化」と呼んでいます[2]。

　仮に地域内での「6 次産業化」が進み，収穫された農林水産物を加工する業務（プロセス）や，できたものを販売・提供する業務（プロセス）を地域の人々が地域の中で行うならば，地域で行う業務（仕事）が増えます。つまり，自分たちで加工・調理して，販売・提供する取り組みが増えるほど，地域に新たな雇用が生まれるかもしれないのです。

　買い手・顧客にとっては，自分で加工する手間を省けるので重宝し，調理済み食品として，ほぼそのまま使う，食べることができるので便利でしょう。あらかじめ加工していて，商品としての利便性を高めた点などを顧客に訴求できます。収穫された農水産物を素材それ自体として販売していた価格と比べると，販売価格は高くなるので，準備した商品が希望価格水準で売れるならば，素材そのものとして売るときより，収入総額も増加すると期待されます。図 7-5 には，農林水産事業者，製造事業者・加工業者，卸売事業者，小売事業者の 4

段階で，加工や販売に関する経費と販売価格の関係を例示しています。加工業者や販売者が受け取る部分が仕入れ価格に加算されていくのです。その際，働いている人の受け取る部分（人件費）と事業組織が獲得する部分（利益や設備償却費）が付加価値額となっていきます。つまり，作ったものが確実に売れる限り，事業に関わった人の給料等や関連組織の利益も増える計算ですが，それは地域として見た収入増加の可能性を示す側面でもあります。

3-2　付加価値を高める

　農林水産物の販売価格と，加工済み製品の販売価格とに差が生じることの意味を考えてみます。

　農林水産物や原材料をそのままの形で販売するではなく，それを購入した人が行うであろう作業を生産者（や販売者）があらかじめ済ませておくことや，顧客がそれを望む形や，喜ぶ形に処理・加工した製品に仕上げておくことによって，利便性や使い勝手など「商品としての価値」が高まったとみることができます。上で説明した生産プロセスに沿っていえば，より川下側の生産プロセス段階に加工度が進んだのです。生産者の目で見て，それは価値が「付加」されたと理解して，「付加価値を高める」といいます。顧客が標準的とみなしている状態の加工を施こし，便利と思う商品に仕上げたので，生産者としては，加工作業の代行分や別の機能追加分の経費だけ，販売価格も高めに設定するのですが，売れなければ実際の事業収入や付加価値額は得られません。

　また，農林水産物以外の素材についても，そのまま売れば，品質グレード（等級）ごとに主に重量や個数単位の価格（1グラム何円など）で販売されるでしょうが，特定用途向けの商品にすると，それよりもいくぶんか，または格段に高い水準の価格で販売できる可能性が出てきます。売れないと付加価値額の実現はないのですが，これは形がある物を作るプロセスで付加価値額を高めるための基本的な対処法といえます。

　加工を済ませて販売する財は，加工の中間段階の財（中間財）であれ，すべての加工が終わった最終段階の財（最終財，製品）であれ，手を加えた分の価値が高まったと生産者は考えるでしょう。生産プロセスの中では，生産プロセ

> **コラム 16　付加価値額**
>
> 　生産プロセスを思い出すと，原材料や一部加工された状態の財を購入して，それを加工して，次の事業者や企業に販売するという一連の流れ（工程）が続きます。川下工程の企業が加工する前に（それに代わって），川上側の企業が加工した結果，加工により財としての価値額が高まったと理解することもできます。高まった価値額は，川上側の事業者が川下側事業者の加工作業の業務を代行した形で「付加」されたわけです。加工作業を重ねるごとに，ものやサービスの内容としての価値が高まっていくとも考えられます。原材料や仕入額に価値を追加した分の金額（の合計）を「付加価値額」と呼びます。その分，販売価格も上昇します。売れなければ実際の収入は得られませんが，生産者は，加工した分だけ，財としての価値が高まっていると理解しています。

スの次の段階を担う人や顧客（買い手）が自分の手間（自ら加工する手間）を省くように原材料を加工し，加工を済ませた状態で販売すること，顧客（買い手）が購入したいと思う財に仕上げることは，その分，顧客がなすべき加工作業を生産者（売り手）が代行していることにもなるからです。また，顧客が望むであろう機能や魅力をつけて，「高く」販売するという行為の前提となります。生産者が希望する販売価格で購入する顧客がいれば，売上高は増加します。

　「付加価値を高める」という発想は基本的に生産者（売り手）の立場から見た考え方です。顧客（買い手）はその製品・サービスを購入するかどうかを，費用対効果などの基準で決めるでしょう。それは，生産者が付加した価値を顧客がいかに評価し，それを購入してもよいと考えるかの判断に依存します。

　なお，加工により財としての価値を高めていると述べましたが，付加価値額は，会計計算の上では，売上高から原材料費等を差し引いた大きさです。つまり，

　　　付加価値額＝売上高－原材料費－「その他経費」

となります。[3]「その他経費」とは，機械や工場設備に関する減価償却費や資金借入の金利等です。

4 「地域内をお金が回る」という見方の意味と限界

4-1 地産地消の推進

　地域内の生産物を地域内で売り，収入を得た人も地域内で物やサービスを買う，そして，地域内で買う割合が大きい限り，それに対応したお金は地域内で回る（循環している）ことになります。

　地域で生産した産品（農林水産物や製品・サービス）を地域内で消費することを「地産地消」と呼びます。地域外部の生産物を買わない限り，お金はその地域外に出て行かないので，地域経済の活性化を考えて，地域産品の購入を推奨する意見があります。生鮮品や季節（四季，旬）ごとの品は，収穫後の経過時間が短いほど鮮度がよく，味覚の面でも好まれることは言うまでもありません。一方，同等品ならば地域生産物を優先購入するという考え方と，地元の商店街で買うことにこだわる考え方，ときには隣町や郊外の大型小売店で買わないという方針など，人々の購買行動（の次元）が違います。

　地域内ですべての買い物が完結するように地域内の生産物を購入すればよいという意見もあるかもしれませんが，生活必要物資の可能な限りの地域内調達（購入したいものを地域内ですべてそろえる）がどれほど可能でしょうか。人々の消費対象は生鮮品だけではありません。人々（個人消費者）が買う消費財（生産には使われない財）にも日用品や耐久的製品があり，これらの製品は国内外のどこかの事業所や工場で生産されています。地域内の顧客が要望するあらゆる製品を地域内で生産することは大都市といえども無理でしょう。

　また，個人がインターネットを介して財やサービスを購入することが徐々に増えています。こうした形態で購入する製品は，地域外で生産されたものが大半だろうと推測します。

　上で説明したとおり，企業や事業者は消費財と資本財を購入します。資本財（製品やサービスを生産するための機械設備・装置・システム）の購入を「投資」と呼びますが，地域内の企業・事業者や自治体が投資するとき，機械設備・装置・システムをすべて地域内でまかなえる地域はほとんどないでしょう。

> ┌─────┐
> │ コラム 17 │　地産地消と生鮮品購入の場所
> └─────┘
>
> 　日本では，多くの人が生鮮品（野菜，果物，魚介類，肉類等）を購入する場所は
> 個人商店，スーパーマーケット，百貨店，大型商業施設の小売店であり，生鮮品購
> 入量に占める地域（地元）生産物の割合は低下したのではないでしょうか。世界に
> は，生鮮品や簡単な加工・調理品を販売する個人事業者が小規模な店舗を，一定数
> 集めた市場（いちば）を，建物内部や屋外の特定場所に常設しているか，特定の広
> 場や道路や歩道を一時的に利用する形で開くことが盛んな都市・地域もあります。
> 地域の新鮮な産品や惣菜などが毎日または週に何日か販売されているので，地域で
> の生産物を地域の人が購入することができる場所となるでしょう。日本でも，生鮮
> 品であれば，京都の錦市場も常設です。また，高知市をはじめ一部の地域で大規模
> な「朝市」がほぼ毎日，開かれています。

　地域外の生産物をまったく買わないという想定自体が現実には無理なのです。

　なお，必要なものをすべて自分でまかなうという意味での「自給自足」は，野菜や水産物など生鮮品の一部については可能かもしれませんが，自給自足は一部の個人レベルの話です。地域全体に関わる話ではありません。

　生活や生産に必要な物やサービスの多くをその地域内で調達すること，また，（必要に応じて地域外から買うが）同等品ならば地域内から購入するという考え方を基本とすることは，自給自足（必要なものをすべて自分でまかなう）ではありません。

4-2　地域内での商業活動と地域内資金循環
■地域の消費需要を左右する要因は何でしょうか。

　第 1 に，地域内の消費は人口規模（夜間人口，昼間人口），所得水準（可処分所得）とどのような関係にあるでしょうか。それは対象地域の地形や交通アクセス，地域内での居住者の分布，人口密度と日常的な生活における行動範囲や移動経路など地域の人々の購買行動の前提条件にも依存します。

　地域内の消費需要は，住宅地と商業地，事業所地（オフィス街）で違うでしょうし，非就労者が多い地域と就労者が多い地域との間でも，生活様式や消費行動が異なるでしょう。学生を含む単独世帯が多く，平均年齢が若い人が多い地域や，昼間人口が多い地域（人が多く働いている地域や通学者が多い地域）

では，すぐに使用する日用品や事務用品，消耗品，飲食物への需要が多いかもしれません。一方，住宅地では，保存食，趣味，衣類，住宅関連品・園芸品などの半耐久品の消費が増え，購入頻度は低いかもしれませんが，家電製品，乗用車など製品単価が高い耐久消費財の消費が多いとも考えられます。

　第2に，地域外の全国チェーン系列の店舗が居住地の近隣に新規に開店すると，顧客も目にしたことがない商品を見ることは楽しいので，そうした店舗で購入するに違いありません。その結果，その店舗の地域販売額は増加するでしょう。しかし，地域の生産者の仕事や収入が増えるかどうかを考える観点からは，そこで販売されている物やサービスがその地域の生産物やサービスかどうか，地域内の生産者への波及があるかどうかなどを点検する必要があります。地域の人が全国チェーン組織の地域店で買い物をするとき，その小売販売店の従業者の給料等のお金は地域に配分されますが，その残りのうち，地域の仕入れ先への支払額以外は，早かれ遅かれチェーン組織の本部に行きます。地域の顧客が支払ったお金の多くは地域に残らないのです。

　第3に，現代では，インターネットを通じた購入形態が普及・拡大しつつあります。地域外の割安なもの，近隣では入手できないもの，魅力的なものやサービスを好んで買うことが可能となっています。地域内の人々がインターネットを通じて購入する機会や金額が増えるほど，地域内にある販売店（全国チェーン組織の店舗も地元の商店も）の売上高は減少します。小売店の売上げ減少が続くと，店舗の従業員も段階的に不要となるし，地域内の店舗数も減るかもしれません。そのときには，荷物を配達する人の給料以外に地域にお金は配分されないでしょう。つまり，インターネットを通じた購入が増えるほど，地域内でお金が回らなくなる可能性が高まるのです。

　第4に，地域の経済活動の観点を強調していえば，小売店の販売取扱い品の生産地はその地域内かどうか。地域外の商品が多いほど，結果として，地域内で財や製品・サービスを生産する能力が低下します。また，地域の小売店で，魅力あるものを販売していなければ，小売店の売上高収入も減少し，店舗の数も少なくなっていくかもしれません。顧客の好みに応えることや多くの人に便利なことが，顧客の購買行動，購入形態，地域経済の仕組みを根底から変えて

いくわけです。地域内の販売店舗としては，顧客に対して魅力ある商品を用意することや，訪問すると楽しい時間や空間を過ごすことができるように工夫をする必要が不可欠となっています。

　以上のことをまとめると，事業では販売すること（売ること）が大事です。地域企業が販売している製品やサービスの魅力が乏しくなると，人々は地域外のものを購入し，地域企業の販売量，それゆえに地域企業の生産量が減少するでしょう。売れなければ収入を得ることはできず，事業の存続可能性にも影響します。事業者は，事業条件に応じた最低限度の販売規模を確保することが必要です。いかなる企業でも，営業赤字の状況を長く続けることはできません。顧客の要望や事業環境に適合する上で，（地域の）企業・事業者は，既存の事業内容を続けるだけでなく，新しい事業内容にも取り組み，顧客ニーズに対応することや，定期的な新商品発売などをして顧客に働きかけることも重要です。

4-3　人々の消費・貯蓄と資金の循環

　地域内での資金循環の仕組み，そして，人々の生活基盤の維持や，消費と生産活動のバランスを維持する仕組みについて改めて説明します。

　企業は事業活動を通して利益の獲得を目指しています。希望した価格水準で希望した数量を販売できるならば，生産や販売に携わった企業・事業者は計画通りの販売収入や利益を得ます。そこで働く人は給料等（所得）を得て，働いて得たお金から消費します。ただし，手にしたお金をすべて使うとは限らず，所得のうち消費されなかったお金（貯蓄と呼びます）を金融機関に預けることでしょう。また，企業や事業者は事業活動の結果として利益を得た場合，利益（正確にいえば，税額控除額を差し引いた残りの，税務上の課税所得）の一定割合を税金として国や地方自治体に払います。（利益を出した）企業は納税した後の残りの資金を，内部留保として金融機関に預金するなどして保管します。

　金融機関は預金されたお金を，（地域内外の）企業や個人に貸して金利収入を得ます。企業・事業者はお金を借りて投資などに使います（投資とは，機械設備，建物等を購入し，生産能力を拡充すること，生産能率を向上することでした）。一部の企業・事業者は（投資のためではなく，事業活動を行う上で必

要となる一時的な不足資金をまかなうために）運転資金を金融機関から借りることがあります。あるいは，一部の居住者（人）は教育費や家計消費支出の補助などのため生計上，不足するお金を金融機関から借りることもあります。こうして，個人が消費しなかったお金が金融機関を介して，別の人や組織に貸し出され，お金が使われる点も地域内でお金が回る側面です（それは「信用創造」と呼ばれます）。

　なお，企業の場合について，本社ではなく，支店や店舗が立地しているそれぞれの地域の立場から見ると，従業員給料等のお金は地域に，直接入りますが，それ以外の売上収入はひとまず（少なくとも帳簿上，財務実績情報として）本社に集められます。つまり，企業の各地域事業所が獲得したお金は一旦，地域外の本店・本社所在地に出ていきます。各地域の事業で得たお金のすべてがその地域を回るわけではないのです。

4-4　地域で稼いだ所得・事業収入と税金

　住民の主要納税先をごく簡単に確認します。個人の場合，一定水準以上の所得がある人は，所得収入（税制上の課税所得）に対する所得税を国に納めます（それは地域の収入とは直接の関係がありません）。同時に，その課税所得に対して，個人は居住する地方自治体に個人住民税を納めます。同様に，法人は国に対して法人税を，立地地域に法人住民税を納めます[4]。

　次に，固定資産を所有する人や組織は，地域（地方自治体）に固定資産税を納税します。固定資産税は，土地や建物など不動産の評価額と，新規に投資して取得した機械設備等資産の償却額に対して課税されています。

　さらに，消費税について，個人も法人も消費の都度，税を負担しています。その消費税収入（10％として）は国に7.8％分，消費地の都道府県と市（区）町村に1.1％分ずつ配分されています。消費（消費する人や消費する機会）が多い都市部・地域では，地方消費税収入額が自治体の収入源としても無視できない金額になっています[5]。

5　地域経済の存続可能性

　財やサービスを生産する場所は地域内か地域外か。販売先となる顧客は地域内と地域外のどこにいるのか。どのような財やサービスをどこの誰にいくらで販売し，どこの誰から何をいくらで購入したか。購入の結果，誰が収入を得るのでしょうか。

　地域内の人や企業・事業者がえた収入の合計を，地域にとっての総収入と呼び，地域内の人や企業・事業者が支払った金額の合計を，地域にとっての総支出と呼ぶことができます。その地域から地域外に出ていくお金と，地域外からその地域に入ってくるお金との差額が，地域経済の収支バランスです。

　地域内の財・サービスの需要量と供給量，または，お金の支払いと受取（収入と支出）の総額がほぼ同じであれば，地域の経済状態や雇用状態は維持できるでしょう。いかなる地域においても，その地域での産業活動を存続（維持・拡大）することでしか，地域内での雇用者数を維持し，雇用者数の減少（速度）を食い止めることはできないのです。つまり，地域内での生産・販売活動やサービス供給活動を継続できることが地域での雇用や生活を確保する上で重要となります。

　居住者が収入から消費支出し，生活に必要な物の多くをその地域内で調達できる（必要に応じて地域外からも買う）状況が成立し，生産と消費の活動を繰り返し続けることができるならば，その地域や都市が存続すると捉えることはできます。

　地域内の生産者と販売者の収入合計と，地域内の顧客・購入者の支出合計がほぼ一致している場合，地域内での経済活動が従来と同水準で行われていて，経済活動が続いていると見なすことができます。地域内の事業所の活動状態が活発・多忙になると，雇用機会が増加し，消費の見込みが高まり，地域の収入が増えるかもしれません。事業活動が維持されている限り，雇用機会の維持と地域経済の存続可能性はあるでしょう。

　地域居住者が地域のものを買う。その収入でのお金を再び地域で使うと，そ

れは地域内需要となります。消費，材料の仕入れ，新規設備投資が地域内での購入に結びつき，原材料，機械設備，製品，サービスを地域内で購入すると，お金は地域内で循環します。

　地域で得られたお金を再び地域内で消費・投資することが実現すれば，「地域内での資金循環」が生じるのです。しかし，地域内でお金を循環（還流）させるには，限度があります。居住者や企業のすべての生産と消費・投資を，特定の地域内活動だけで恒常的に連鎖させていくことは事実上，無理だと思います。人々が地域外生産物を購入し，地域外販売拠点での購入を増やすと，地域

内で回るお金は減少します。お金が地域内で回らない状態に近づいていきます。

練習問題

1　地域内でお金が回るためには，どのような状況や条件が必要でしょうか。

2　本書を読んで，地域内をお金が回るという見方とその限界は何だと理解しましたか。

3　自分が住む地域の生産物を購入することについて，どのような考えがあるとわかりましたか。

注

1）設備投資とは別に資産投資という言葉があります。資産投資とは主に，株式などの金融商品や不動産を購入することです。株主として事業経営の改善に関わる意見を出すことや不動産の事業的整備を行うことを除くと，資産取引の市場で，ある資産を購入した時の価格水準よりも，その資産の価格が上昇すると，そのまま売却し，購入価格と売却価格の差益（キャピタルゲイン）を得ることだけを目的とする行動が出てきます。この場合，投資といっても，事業としての価値を高める行為をしていないので，（当事者の利益を除いて）社会的に見た付加価値の拡大とはいえません。

2）法律としても，農林漁業の振興を目的に，「六次産業化・地産地消法」が平成22（2010）年12月に公布されています。

3）付加価値額は，働いた人の人件費（働いた人が受け取る給与等）と従業者を雇い事業を経営する組織の利益とから構成されます。つまり，付加価値額＝雇用者報酬（給与総額）＋利益等（営業余剰等）＋「その他経費」ですから，（事業計画上ではなく，実際に販売して生じた）付加価値額の拡大は，働いた人の所得を高めることに結びついているのです。利益を最大化するという考え方と比べると，付加価値を大きくする（最大化する）という考え方は，利益と給与総額の合計を最大化する点でまったく異なる基準なのです。ただし，付加価値額を，働いた人の給与分と企業組織が得る利益分の間でどのように配分するかは，それぞれの企業により異なります。

4）日本において，赤字法人は法人税や法人住民税の一部が免除されます。また，本店や本社以外の支店など事業所を地域外に保有する場合，法人住民税の支払いは複雑となります。税金については第9章で詳しく説明します。

5）消費税が8％の場合，国が6.25％，地方自治体として都道府県と市町村が0.875％ずつです。なお，消費税率はアメリカでは州ごとに，EUでも加盟国ごとに違います。

第 8 章

人口変動・産業活動と地域の盛衰

第8章では，市区町村や1つひとつの場所の「寂（さび）れ」や「にぎわい」について考えてみます。とくに居住人口の減少と高齢化や，産業活動の活況・不振との関連で地域の盛衰の側面を説明します。

1 地域人口の減少と年齢構成

1-1 人口激減で地域が消滅するという警鐘

　2040年の人口が2010年人口から半減する地域が多いと予想した報告書が2014年に出され，多くの地域が衝撃を感じました[1]。一定年齢の女性の地域内居住数の予測値と国の推定出生率とを組み合わせて，2040年の地域別人口を推定した結果，全国1799市区町村のうち896市区町村で2040年の人口が大幅に減少すること，とくに523市区町村は人口1万人未満となり，その状態が続くと，いずれ消滅するおそれがあるという内容でした。その中には，東京都豊島区なども含まれていました。報告書の内容は，2010年時点での居住者状況に基づいているので，その後，その前提条件が変化した地域もありますが，いずれにしても，自分が生まれ，育ち，暮らした地域（故郷）や暮らしている地域がなくなる可能性の警鐘に多くの人は衝撃を受けました。

　自分が現在，暮らす地域や自分が関心をもっている地域は今後どうなっていくのでしょうか。今のままの傾向が続くと，それぞれの地域の将来はどうなるでしょうか。現状を保つためには，どうすればよいでしょう。一般には，子どもの数を大幅に減らさないことと，東京（圏）への集中を抑制することだと認

識されています。しかし，それに対する実効性のある対策は容易ではありません。どのように変われば少しでも望ましい状態に近づくかを考えていくしかないでしょう。

1-2　地域別人口と人口変動

　第4章で説明したとおり，人口変動は，自然増減と社会変動から決まります。自然増減分は，地域ごと，そして，国の単位でみて，生まれてくる人の数と死んでいく人の数の差で計算されます。一方，社会変動分は，地域への転入者数と地域からの転出者数の差で計算されます。つまり，次のとおりです。

　　　　自然増減＝出生者数－死亡者数
　　　　社会変動＝地域への転入者数－地域からの転出者数

　人の移動（社会変動）にも，一定期間の居住を指す移住と，より長い期間の居住である定住に分かれます。家族の事情による移動の場合，または引っ越しを習慣とする人の場合を除くと，進学，就職・転職，転勤（勤務地異動），結婚，世帯構成変化が，1人ひとりの人生における居住地変更要因であり，地域からの転出や転入を決める主要な契機と考えられます。

　人口転出入状況の動向を広域地域別に見た表4-5において，東京圏以外の地域の人口は傾向的に減少しているとわかりました。また，資料を示していませんが，都道府県レベルで見ると，東京都，神奈川県などと沖縄県以外のすべての地域で人口が傾向的に減少しています。なお，コロナ禍以降の変化については，まだ明確にいえません。

1-3　居住者の平均年齢の上昇

　地域人口の数値は横ばいであっても，人口構成が高齢者に偏ると，居住者の平均年齢は上昇します。また，若者の流出が多い地域では居住者の平均年齢が上昇します。その意味で，地域の将来像や活力等を考えるには，地域人口とともに居住者の平均年齢や年齢構成，たとえば若年者比率（14歳未満者比率），

従業者（労働力年齢）比率（15歳〜64歳者比率），高齢者比率（65歳以上者比率）などを見ておく必要もあります。

　若い世代の転入者がなく居住者が固定化した地域においては，平均年齢が上昇していきます。居住者の過半が65歳以上となっている地域（65歳以上人口／全居住者人口比率が50％を超えた状態）を「限界集落」と呼ぶのですが，現在の日本では，1985年以前にできたニュータウン，大都市圏内・市区町村の一部地区や，高級住宅地と呼ばれる地区でさえ限界集落化が見られることもあります。限界集落はそのままの状態では，人が著しく減少し，人が住む条件が限界に近づいている地域ともいえます。地域居住者の高齢化が進んだのは，少子化と社会変動（移出）が主原因ですが，地域において，それぞれの人が求める生活様式に合致する要因が欠落しているせいとも考えられます。たとえば，人口規模の減少が事業所の削減に影響していることや，地域に仕事の量が少なく，地域に自分にあう仕事が見つからないせいで，仕事が多い地域に転出していく人が増えているのかもしれません。

　ところで，高齢者の増加といっても，元気で楽しく生活を送る健康高齢者と，病気がちの人や日常生活の一部において他人の支援を必要とする高齢者とで状況は違います。平均寿命とは，人間が平均して何歳まで生きているか（または，その年に生まれた人が何歳まで生きると予想されるか）という数値です。一方，健康寿命とは，人間の生活において，その人が何歳まで自分の身の回りのことを自分で対処できるかを示す数値です。通常は，衣服の着脱，食事，排泄，入浴などを自分でできる能力などの状態から判別しています。平均寿命が長いことに加えて，できる限り，健康な状態で暮らせることが望ましいでしょう。ちなみに，地域の平均寿命や健康寿命の全国平均値を見ると，2019年での平均寿命は男81.41歳，女87.45歳で，2016年での健康寿命は男72.1歳，女74.8歳でした（都道府県の値は付表参照）。

2　地域産業の盛衰と地域のにぎわいと陰り・寂れ

　地域ごとの活性化の状況や寂れの様子は違います。人口は多くないが，活力

にあふれる地域を見出すことができる反面，人口は多いけれども活気が少ない都市もみられます。地域の衰退や寂れを引き起こす要因は，① 人口減少と高齢化（平均年齢の上昇，子供の減少等），② 産業不活性化，③ 居住者の活動状況，④ その他要因に依存するでしょう。居住地周辺や就労地周辺での地域の寂れをいかに食い止めるかを考えることに強い関心をもつ人もいると思います。生まれ育った地域，今住んでいる地域，日常的に活動する地域の将来をイメージしながら，考えてみましょう。

2-1　地域のにぎわいと寂れ

　地域のにぎわいと寂れは，都市・地域の外観的な様子に関わっているでしょう。それはたとえば，(1)居住者の生活圏とそこでの交流を含む個人的活動と集団的・共同的活動の状況と，(2)地域の経済や産業活動の状況の両面から見ることができます。

（1）居住者の生活圏と人々の活動状況
① 地域の寂れ

　既存市街地や都市中心部（中心市街地）の陰りや寂れをどれほど感じるかは一面では個々人の受け止め方の問題です。過去のにぎわいや他地域のにぎわいと比べると（人通りが少なく）寂れた印象が強いと思う程度には，人により差もあります。それは，その地域の人の集まり方をみて，地域居住者やその地域への来訪者がイメージする状況と比べて，その地域の弱体化や陰りを感じる心理的側面が強いかもしれません。しかし，陰りや寂れという状況は，それぞれの地域に関わる人の数や金額（過去と現在の状態に関する統計数値）やそれらの動きが全国的に見て，どれほど少ないかという絶対的な数量基準だけでは決まらない側面もあります。

　陰り，寂れ，衰退の進行局面を確認してみましょう。

　まず，地域において，居住する人の総数（人口）が減少する当初段階では，それは「絶対的な寂れ」とはいえないでしょう。また，今も人は適度にいるが人通りが少なく，地域や地区の人口が減少したため，人の動きや人が集まる数

が減った。あるいは，人は適度に集まるし，消費支出もあるが，地域の商業地のにぎわいは弱まり，産業の弱体化や陰りを感じる。顧客の減少が気になり始めた。何かが変わった気がする。少しばかりの変化を感じる。このような言葉で表される，ちょっとした「陰り」は，どの地域やどの場所でも見られることですが，それを一時的な現象か寂れの兆候かを見極める必要があります。店に来る客が減ったことについて言えば，それが地域の広い範囲や地区で顕著に見られるならば，そこに陰りが見え始めたということとなります。小売販売店や飲食店など地域密着型産業の勢いの低下は，にぎわいが曇る最初の段階（第1段階）ではないでしょうか。

　次の段階として，目に入る人の数や動き，物の数や動きが顕著に少なくなった。顧客が顕著に減少した。施設・設備が存在する割に利用度が下がった。地域中心部に来る人が減り，人が集まらなくなり活気がない。商業機能が低下した。以前は存在していた集まる場所，遊ぶ場所，食事をする場所も減った。この段階（第2段階）では，そこを訪れても，どことなく楽しくない気持ちが残るでしょう。こうした状況が住宅地を含めて地域内で広がると，既存の施設や土地の利用度が低下し，地域・地区内の空き家，空きビル，空き地が目につくようになるかもしれません。

　さらに，地域内で仕事を見つけられない人が増えてきて，雇用機会（仕事）を求めて転出する人が目につくようになると，地域の機能低下や地域活動の縮小プロセスにあると感じてきます。施設・設備も余剰感が強まります。この段階（第3段階）では，地域全体として衰退を感じるでしょう。

　以上をまとめると，(1)地域の人口が減り，人と顔をあわす機会が減る。空き家や空き地が増える。(2)顧客や利用者が減少したせいで，地域内店舗の閉店や施設の閉鎖が増えた。店舗が不規則に閉店したので通りとして活気がない。(3)使われず更新されない施設・建物の遊休化と老朽化，多くの地区で少子化に伴う小学校等の統廃合・集約化が見られます（ごく一部の住宅地で小学校に通う児童数が一時的に増えたとしても，地域全体を傾向的に見ると減少しているでしょう）。それぞれの住宅地でも地域行事の担い手が顕著に不足し始めた。こ

れらを通じて，地域の機能低下や地域における活動が縮小するプロセスにある
と強く感じることでしょう。

　地域における人口や消費の傾向的減少が，購買行動の低下（顧客減少）に結
びつくと，地域内の小売店などの事業採算性が悪化し，閉店する数が増えるか
もしれません。そうすると，生活面でも不便になるでしょう。[2]

②　地域のにぎわい

　地域ごとの年間行事（イベント）や日常生活の動きなどからうかがえる活力
があります。実現可能な計画を立て，その計画通りの活動ができることと，活
動を継続・拡充させていることが，それぞれの地域の活力を生み出すのだろう
と思います。また，地域への来訪者が多く，人々が交流する状況が多く見られ
ると活気を感じます。それは，定住している人，来訪・交流する人，行事など
に関係する人の数や機会が多いなど，人の活動や動きを感じることに基づく印
象だと思います。つまり，一定数の人が集まる，人々が一緒に活動していると
にぎわいが生じるということです。共通の関心や趣味をもつ人たちが集まると，
新しい交流が生まれるかもしれません。イベントに関わる交流はもちろん，ス
ポーツや文化活動などを行うために，人が集まると，飲食の場や物品・サービ
ス販売の場もできてくるでしょう。

　言うまでもなく，地域に暮らす人が増えると，人口の側面では地域の存続可
能性が高まります。しかし，たとえば，各都市の中心部でのように，そこに住
む人はさほど多くない地域でも，昼間は多くの人がそこで活動する光景が見ら
れます。観光地のように，その地域の居住者はやや少ない場合でも，その地域
への訪問者が多い地域もあるでしょう。逆に，居住者は多いかもしれないが，
誰も訪問しない地域もあり，そのような地域は活性化しているとはいえません。

　にぎわいの基準には，人や組織の参加数や収入などとは別に，人や組織の動
きや変化に関わる基準もあるのです。また，活動をけん引する人やそれを支え
る人の情熱やエネルギーもにぎわいを反映する指標といえるでしょう。その情
熱やエネルギーが周辺の人に伝わり，共感度，共有度などが高まることがあり
ます。

このように，その地域の活気，にぎわい，寂れについて，居住人口に注目する見方と，訪問者数を中心に昼間人口で考える方がよい見方があるのです。たしかに，地域の人口規模と活力とは何らかの関係があると予想できます。しかし，人口にも，住む人の数（夜間人口）と，働く人や学ぶ人の数（昼間人口）の両面で人の集まり方を捉えることができると説明しました。関心事によると，居住者の数よりも，活動に積極的に参加する人やそれを応援する人の数（居住者と活動参加・応援者の合計数を関係人口と呼びます）で考えることが適切な場合もあります。地域のにぎわいや「地域の活性化」をどのように考えるとよいかは思ったよりも多様な要因が関わっているのです[3)]。

（２）産業活動から見た地域の活動状況
　地域経済の実態は，生産や販売の活動状況から見ます[4)]。自分が居住する地域や活動する範囲における地域の経済活動・産業活動が活発かどうかをどのように考えるのでしょうか。

① 地域内産業活動の活況
　地域経済にとり，生産・販売などの事業活動が活発な状態が続き，雇用機会が継続されることが望まれています。地域の企業は新しい製品・サービスを提供することを通じて，顧客の関心と購入活動を刺激し，活発な生産・販売活動を保つことができるでしょう。そして，雇用を維持し，利益を出し納税することで地域に貢献することができます。
　地域の産業活動が活性化すると，雇用機会（求人数）の増加となるでしょう。事業の状態でいえば，計画以上の販売状態が続き，業務的対応が間に合わない見通しが出ると，供給体制を補強するため，人や施設能力を追加することになります。それが雇用者数増加であり，新規設備投資です。産業活動の拡張とは，生産・販売額が増えたことをいいます。前年額と比べた規模増加率を「成長率」と呼びます。たとえば，既存企業や個人事業者が行う生産・販売活動の拡大，地域の求人数と従業者数の増加，ビル入居率の高止まり（空室や空いたフロアがほとんどない状態），新規設備投資・建設ラッシュ，連続的に生じる開

業などがよく使われる産業関連の活況指標です。これらの指標は，空白部分が埋まっていく，無かったものができていく，新旧の交代など「目に見える」顕著な変化やそれらを印象づける事象の指標とみなされています。

　地域の企業が利益を継続的にあげると，従業者の所得（や雇用者数）が増加し，個人住民税など地域の税収も拡大します。また，地域に存在する黒字企業数が増えると，法人住民税（や固定資産税）などの地方税収入が増えるでしょう。

　地域経済活動が成長する（過去の水準と比べて拡大する）とはいえなくても，従来と同じような水準で続いていることは，地域としての経済の持続可能性を示唆します。

② 地域内産業活動の陰り・弱体化のプロセス

　地域経済・産業活動が良好であれば上でみたような好循環が生まれるでしょうが，地域経済・産業活動の不振が続けば地域内で仕事が減り，住民税などの地方税収入も減るでしょう。時には，居住者や組織の地域外移転が生じます。地域の産業活動（生産・販売活動）の減退や地域産業衰退のプロセスと特徴を考えてみます。

　地域経済・産業の衰退の始まり（第1段階）とは，(1)地域で活動していた企業の販売が不振となり，生産・販売に関わる活動水準を徐々に引き下げ，活気を失い始めた状況，(2)地域が保有している資源の多くが使われていない（余剰の）状態，(3)新しい事業を始める人や企業が出てこない状況などです。特定の企業や事業所での生産・販売活動の不振が，別の企業や事業所での生産・販売活動の活況でカバーされるならば，地域全体として大きな問題となりませんが，活動不振となった企業や事業所が地域内で増えると，地域全体での生産・販売活動水準が低下し，就業者数や労働時間合計（よって地域に住む従業者が受け取る収入総額）が減少します。地域全体の所得収入（購買力）が減少すると，地域での消費支出が抑制され，小売業や生活密着型事業の販売不振がみられるでしょう。

　製品・サービスの販売不振が続くと，財や製品は継続的に売れ残り，店や倉

庫での在庫が増えます。生産工場や販売施設は存在していても，施設の稼働率が低下します。地域に立地している企業の販売額が減少すると，事業者も地域内投資を抑制するなど，一層消極的姿勢をもち，地域産業の活力減退が進み，将来見通しはさらに悪化するでしょう。さらに，一部の店舗，工場，事業所は閉鎖し始めるかもしれません（第2段階）。

　地域全体として，地域内産業の競争力が低下し，新しい動きも出てこない状態が続くと，地域に存在する施設・設備・工場が機能停止し，遊休化するなど，さまざまな変化・変調の特徴が明確に見られます。事業の休止，事業所の閉鎖や撤退が広がり，失業者も増えてくるでしょう。求人数や雇用者数が減少することに加えて，その人にとり適切な仕事がないと，仕事を求めて地域外に転出する人も出てきます。倒産が出てくることも考えられます。地域の中心的産業活動の衰退・消失状態が広がった場合，施設や土地はある（余っている）が，その新しい用途・使い道がなかなか決まらない状態となるかもしれません。たとえば，空き地，空きビル，空き工場が多い地区や，空き地が手入れされず雑草樹木が伸び放題の状態となった地区が増加します。⁵⁾人はいるが，仕事がなく，人の余剰感がみられます。地域全体としての産業活動は低迷し，縮小基調となっています。このようにして，地域の産業活動の衰退と人口減少がさらに進むことになります。これが衰退の状態（第3段階）といえます。

3　地域の寂れ・衰退の状況

　人口減少や住民の年齢構成と活気の関係や，地域に関わる人口，居住，産業活動等が変化した状況をもう少し考えてみましょう。

3-1　設備や土地の使用度合が低下
（1）居住用の空き家・空き室の増加
　空き家とは，①賃貸用住宅だが借り手がない状態，②相続された住宅だが誰も住んでいない状態，③売却予定住宅だが買い手が決まっていない状態，④別荘，⑤その他の住宅，を言います。空き家が増加し放置された状態が続

き，広がり，建物の老朽化が進むと，風水害時等に建物の倒壊や損壊の恐れが高まり，危険な面があります。また，不審者の侵入や不法な住み込みで犯罪の拠点・巣窟となる可能性もあります。つまり，空き家の増加は外観が悪いだけでなく事故や治安の悪化につながるかもしれません。

　2018年の調査では，全国の空き家は846万戸で，住宅総数6060万戸に対する空き家比率は13.6%です。空き家率とは，住宅総数に占める空き家の割合を指します。また，戸建て住宅の空き家846万戸とは別に，売却用でも売れずに，空き室のままのマンションが70万世帯分あります。

　一方，既存住宅の改装・補修（リノベーション）や建て替えではなく，毎年90〜100万戸の住宅が新築されています。つまり，日本は，住宅過剰の中でも新築が続いている状態なのです。[6]人々の購買形態も，新築物件の購入が多い状態です。

　次に，道路の拡幅や行き止まり状態の道路の貫通が望まれる場所・地域では，空き家で，かつ，居住者不明の空き家は，工事の妨げとなり，都市計画上の支障となりかねません。[7]老朽化した住宅・建物の解体・処分に関して，住宅所有者が対応しない，解体・処分するための資金を工面できない，負担したくない，また，所有者に連絡が取れない状況もあります。ただし，「放置された」とはいえ，土地・家屋は私有財産なので，本人の同意なくして勝手に処分できません。放置または放棄された空き家については，所有者が住宅を処分する義務を果たさないこともあります。一般論でいえば，住宅所有者が財産権を主張する（放棄しない，または，手続きをしない）が，危険個所の改良等をしない状況です。これに関連して，実施件数はきわめて少ないですが，老朽化してきわめて危険な状態にある建物を自治体が公費でその費用を負担して解体撤去することさえあります。

（2）業務用の空き地，未売却地，空き店舗の増加

　事業的活動が低迷してくると，第1に，事業を行っていない店舗や事業所が各所にみられます。各地区で空きビルや空き店舗が増加します。第2に，商店街の一部の店舗が閉店し，シャッターが閉じられたままとなり，そのような商

店街や通りが増えます。第3に，（都市中心部でも）更地となった土地の使用者が見つからない状態が続きます。[8] 以上のような状況が多く見られると，地域・地区の衰退の度を増していきます。

3-2 「地域が寂れた」要因・原因

「寂（さび）れた」状態と寂れた状態を引き起こしたと考えられる寂れの要因・背景は何でしょうか。

（1）人口減少を地域・地区別にみると，濃淡があります。中心地から郊外へ，さらに周辺地域へと人々が居住地を移転，拡散し，また，市街地の内部でも，にぎやかな場所（中心地）がその地域から別の地域へと移転したことも考えられます。さらに，既存住宅地の一部（かつてのニュータウンなど）が，居住場所として多くの人にとっての「関心の対象外」になり，居住者が減少した結果，当該地域の小売店や生活関連サービス事業の施設や店舗も減り，居住上の条件が悪化していることもあります。

一方，都市・地域の中心部や住宅地において，土地の価格や家賃が高くて，高級な住宅地の一画かもしれないが，新規に居住する人は少なく，その地域・地区は閑散としていることもあります。

（2）産業活動が不振となり，「仕事がない」（少なくとも職を求める人に合う仕事がない）ので，その地域に住みたいが，その地域を離れる人が増加した。その結果，使われない土地，施設，事業用空間，設備が増加した。

その地域には産業（事業）活動が少ないか，ほとんどない。たしかに，自治体（公務），学校，病院という職場はどの地域にもあるが，これらの職場に就労できる人は限られています。また，そのような仕事しかない状況になると，それは雇用関連状況から見た，地域の衰退を暗示する1つの指標と考えることができます。

なお，にぎわいの状況から寂れた状況となった場合以外にも，当初から，さほどにぎわいがなかった地域もあるでしょう。それは当事者にとっては「いい場所」かもしれませんが，交通の便が悪く，活動上，不便な地域といえるなど，もともと現状に近い状態で，人や企業の活動面から客観的にみて，魅力が乏し

く，その状況に変わりはないと理解できます。

3-3　寂れた地域における状況と対応

　地域産業活動上の衰退要因をまとめると，製品・サービスの生産活動はその販売状況に依存します。販売の減少は，製品・サービスの価格が安いこと以外の魅力がなくなったこと，とくに外国企業や海外生産との低価格競争の条件面で不利・劣位となったこと，顧客の購買基準が変化して顧客が競合企業の製品・サービスを購入している（販売競争に負けた）こと，地域内（や地域外）の需要変化への対応ができていないこと，購買力の低下（顧客が購入を控えていること）などと考えられます。

　事業環境への適合者だけが，事業を存続できます。そのためには，旧来の事業内容を続けるだけでなく，新しい事業内容にも取り組むことが望まれます。顧客ニーズへの対応や定期的な新商品発売など，事業者は顧客に働きかけることも必要です。

　陰りや寂れを感じる状態では，地域内の事業者は事業規模を縮小することを考え，地域外に本拠地を置く事業者は撤退の可能性を考えるでしょう。地域外に活動拠点を置く事業者に活動の存続を強く求めることには限度があるでしょうから，結局のところ，その地域に拠点を置く事業者が地域において新しい事業活動に取り組む方向性が現実的でしょう。それは，たとえば，既存事業者が新しい製品・サービスを提供しようと試みることや，新規事業者が登場してくることなどです。

練習問題

1　本書を読んで，地域の寂れとにぎわいをどのように理解しましたか。
2　どのような特徴をみて，地域が寂れている状況とみなすのでしょうか。
3　地域の寂れを引き起こす要因には，どのようなものがあるでしょうか。

注
1）その内容は，増田寛也編著『地方消滅』中公新書，2014年。
2）少し違う次元ですが，公共交通の利便性がよくない地域で，食料品販売の小売店が減

ると，その地域に住む人で自家用車を持たず移動手段を公共交通に依存している人にとっては自分で小売店に行くことが大きな課題となります。その状況を「買い物難民」と呼びます。買い物難民は都市郊外や田舎だけでの話ではありません。東京都世田谷区など，大都市の中でも報告されています。新設される商業施設は広い土地が確保できる都市郊外・周辺部が多いせいもあり，都市部においても，自家用車を使い都市郊外の大型商業施設に容易に行けない人々が「買い物難民」となっているのです。

3）本書では現在，活況を呈している都心部の地域を対象にとりあげた説明をほとんどしていません。そのような地域は産業的活力をもち，あるいは居住面での魅力が現時点では豊富だと考えているからです。

　　しかし，1980年代には，東京都心区の定住人口の確保が問題となり，地域の将来に危機感をもつ中央区，港区，千代田区では住宅開発や商店街の活性化など人口を増やす政策（1985年など）をとったことがありました（金倉忠之『都市経済と地域政策』（財）東京市政調査会，1994年，69-71，80-83頁）。大都市部の居住者が郊外に大量に移転し，大都市を取り囲む周辺地帯に多くの人々が居住したため，それは都市人口のドーナツ化現象とも呼ばれました。都市部を含めて地域の将来を考えるには，人が住宅を取得し，再度，転居を考えるころまでの期間を念頭に置いて理解すべきです。すると，約30年以上の期間の中で捉えないと，地域のことは見えてこないだろうと思います。

4）出荷額（工場から製品を送り出して卸売業者や小売業者に販売する金額）や販売金額（最終消費者や企業など顧客に売った金額）などを見ます。

5）アメリカの北東部や五大湖周辺地域には，かつての工場や施設は多数存在していますが，長らく使われてないので，どの工場や施設も建物の外壁は朽ちて，錆びた鉄骨がむき出しとなっています。そこで，錆ついた工業地帯（「ラスト・ベルト（rust belt）」）と呼ばれているのです。

6）なお，住宅総数が世帯数を上回ったのは，1960年代と，ずいぶん以前のことです。

7）空き地のうち権利放棄地や所有者不明土地は2018年時点で，九州の面積と同程度と推定されています。2030年頃にそれは北海道の面積と同規模になるとも推定されています（『日本経済新聞』2018年5月28日，および，『土地白書』令和2年版，135頁）。

8）都市の中心部に近い場所で，空き地や空き家などの活用度が低下した空間が一定範囲に見られています。未利用の建物・住宅や土地が散発的に発生する現象や，一定範囲の土地区画において，不規則かつ多数の未利用な更地が見られる状態を「（都市の）スポンジ化」と呼んでいます（『首都圏白書』平成30年版，2頁を参考にしました）。

第9章

地方自治体の役割と財政状態

　政府部門（国や地方自治体）は社会の基盤を作り，国民や住民が必要とするサービスを提供しています。地域社会に必要な社会基盤を整備し，行政サービスを提供するためには，事業を行う予算の資金的裏づけが必要です。政府部門の資金は主に税金という形で国民・住民（居住者）・サービス利用者から徴収しています。ただし，政府部門も金銭的な収入と支出のバランスを取らなければ，政府部門としての活動の継続が難しくなる可能性をもっています。

1　地域の社会基盤整備と地方自治体の役割

1-1　地域居住者と自治体の行政サービス

　地方自治体（地方公共団体）は，地域住民の生活環境に関わる基盤を整備し，住民の利益に合致するよう課題解決に取り組んでいます。基礎自治体である市区町村が提供するサービスには，生活ゴミ回収，上下水道，義務教育（公立の小・中学校，幼稚園），住民証明手続き（住民票等の発行），文化（芸術，図書館，住民の文化活動等），健康・スポーツ，社会保障関連（医療，介護，保健・衛生，保育），治水・防災，消防，道路・街灯の管理など地域住民の生活に直結した業務が多数あります。[1]居住者（住民）一人ひとりの活動内容や行動範囲は違いますが，地域居住者が快適に生活できる条件を整えることが自治体の仕事です。経済理論の視点でいえば，自治体は，民間企業ができない（市場取引活動になじまない）生活必需的サービスを提供しています。その業務を行うために必要な資金を裏付ける資金源が税金収入です。個人または法人等が税金を納める先は，国および地方公共団体（都道府県と市町村）です。自治体に

とって，公的資金の使途や，経費を適正水準に抑制することへの留意も必要です。

　なお，地方自治体が行ういくつかの事業は，地方公営企業が運営しています。地方公営企業とは，形式上（公会計上も），自治体とは別組織の事業組織ですが，大半の自治体では，自治体が地方公営企業と呼ばれる組織を設立し，自治体が事業を運営する形態でサービス提供を行っています。その代表は水道（上水道，下水道）です。自治体により違いますが，水道以外に，病院，介護福祉関連，土地・住宅関連，地域交通システム（バス，電車，船，等）などの事業を運営しています。

1-2　行政サービスを提供するための施設・システム

　自治体は，行政サービス提供に要する施設・設備・システム・拠点を整備します。生活基盤サービスに関する施設を例示すると，上下水道関連施設（貯水，浄水，給水等），ごみ焼却場・し尿処理施設，地域基幹道路，橋，公立学校，文化施設（市民ホール，図書館，公民館），健康・スポーツ施設，公園・緑地，防災施設，自治体庁舎，自治体が建設したその他の関連施設です（その他，火葬場など，自治体によると，公共交通（住民が移動する地域交通サービス），公営病院，公営住宅もあります）。

　これらの生活基盤・生活関連サービス基盤以外に，企業の活動拠点（産業団地）や用水，港湾，産業用道路など産業活動基盤の整備があります。

　このような施設等の整備やそれに基づいて提供されるサービスは，住民がそれを必要としますが，それ自体は利益を生むわけではない公共財です[2]。それらは，地域の住民生活や産業活動を支える（共用施設および産業活動の）基盤となるので，地域における「社会基盤（社会的インフラストラクチャー）」または「社会資本」と呼びます[3]。地域社会に必要な施設である社会インフラを整備する（新設および更新する）には資金的裏づけが必要です。

　また，ひとたび行政サービス提供施設・システムを建設・整備すると，その後は，それらの施設やシステムを管理・保守・更新する仕事も生まれてきます。それも自治体の財政状況に関わってきます。そこで，自治体は地域内の社会基

コラム20　**社会インフラ**

　どこまでを社会インフラと見るかについてはさまざまな見解があります。社会的共通資本という考え方では，第1に，人間的な生活を過ごすための自然環境，第2に，道路，橋，交通システム，通信システムなどの生活基盤・産業基盤，第3に，教育や医療・介護などの制度資本が重要という見解となります。今日ではさらに，食料品小売，資金の預け入れと引き出し，税金や公共料金の振り込み等ができる窓口金融的サービス，チケットの予約や販売，小荷物の輸送依頼と受け取りサービスなど生活に関わるきわめて多くの機能を，1つの店舗で一括して提供するコンビニエンス・ストアを，地域社会のインフラまたは生活インフラとみる見解もあります。

盤整備と投資資金（予算）確保に関する長期の計画を作成しておくことが重要となります[4]。

　たとえば，水道等のライフライン機能は行政サービスとして不可欠です。水道事業サービスはほとんどの地域において長らく市町村単位で運営されてきましたが，人口減少と利用者の分散的居住が進むと，事業運営費用が大幅に増加すると予想されています。たとえば，将来の運営費削減のため，香川県では2019年から全県単位での上水道供給事業に取り組んでいます。また，基盤整備を自治体が行い，日常的な運用を民間組織に業務委託する自治体もあります。

２　日本の税制と地方自治体の財政

　国や地方公共団体（地方自治体）では，金銭的収入を「歳入」と呼び，金銭的支出を「歳出」と呼びます。自治体（都道府県や市町村）にとり，歳入の源泉は主に地方税と呼ばれる税金およびサービス手数料，国や都道府県からの補助金・助成金，そして借入金です。税金等の歳入と歳出のバランスをとるべき点で，自治体財政も経済活動の一種です[5]。

　日本の税制は，個人や法人の所得収入額に課税される部分，消費額に課税される部分，保有資産に課税される部分などからなっています。主要な税を例示すると，表9-1のようになります。まず，個人の所得に関わる所得税と法人の所得に関わる法人税は，国に納める税金です。よって，それらは地方自治体

表 9-1　日本の主要な税の性格別分類

		対所得	対資産		対消費	その他
国　税		所得税 法人税	相続税 贈与税		消費税，酒税 関税，石油ガス税	登録免許税 印紙税
					たばこ税	
地方税						
	都道府県税・市町村税	住民税			地方消費税	
	都道府県税	事業税	不動産所得税	自動車税・環境性能割	たばこ税	自動車税・種別割
	市町村税	事業所税	固定資産税	軽自動車税	たばこ税	

注）たばこ税は，国・都道府県・市町村のすべてにおける税項目。
　　住民税と地方消費税は都道府県と市町村への納税。
出所）筆者作成。

の税収とは直接の関係はありません。地方自治体に関わるのは，住民税，事業所税などです。次に，資産を対象とする税制としては，相続税が代表ですが，それも国税です。自治体に関わるのは，固定資産税，都市計画税，自動車保有に関わる税などです。そして，消費を対象に徴収されている税制としては，消費税が代表ですが，酒税，関税などもありますがこれらは国税です。自治体に関わるのは，たばこ税と，消費税の一部の金額を消費地となった自治体に還元する部分（地方消費税）などです。

　国は税金を集め，国としての収入を得ますが，その使途は1つには，国としての事業に使います。また，国の借金の元本・利息の返済に使います。その他，一定部分は財源不足の地方自治体への補填や，国が決定した政策の意図に合致した地方自治体の政策的取り組みへの交付金や補助金等として交付されます。つまり，国から，地方交付税，補助金，交付金という名目で，都道府県や市町村に資金が配分されているのです。

　以上の説明から，基礎自治体から見た主要な税源は，住民税（都道府県民税と市町村民税，また，個人住民税と法人住民税），固定資産税（土地・家屋等），都市計画税，その他といえます。なお，税金の金額面に注目すれば，国税は全国どこでも均一ですが，地方税の一部は自治体ごとに違います。つまり，居住者や企業等の法人・組織が，都道府県や市区町村に支払う税のなかには，自治体ごとに（都市や地域によって）税額が異なるものがあるのです。

3　歳入税源の主な構成

　自治体の歳入総額は，地方税とそれ（地方税）以外の収入源である国からの地方交付税，支出金（国庫支出金）・補助金，都道府県からの支出金・各種交付金などの補助金，地方消費税交付金，等，および借入金（または公債費），税外収入（雑収入）の合計です。

3-1　地方税

　地方税は，地方自治体の独自収入源となるものですが，地方税収入額が基礎自治体（市町村のこと）の総収入額に占める割合は現実には多くありません。市町村の地方税のうち金額が多い項目は，住民税と固定資産税などです。

（1）住民税

　住民税は，当該地域に居住する個人，および，地域に事業所等をもつ法人に課税されます。法人住民税でいう事業所等とは，本社，支社，支店，工場，事務所，寮などを指します。住民税は，市町村と都道府県の両方に納めます。住民税は居住地に応じて市民税，町民税，村民税および都民税，道民税，府民税，県民税と呼ばれています（東京特別区にだけ，市町村単位と違う「区民税」があります）。

　A．個人市民税の納税は居住地ベース（住民票がある場所）であり，個人住民税は，①所得水準に応じて払う部分（「所得割額」という）と②所得水準と無関係の一定額（「均等割額」という）の合計からなっています。

　　　個人住民税　＝所得割額＋均等割額　＝税率×課税所得　＋一定額

　①所得割額について，たとえば，私はN県N市に住むので，私は県民税（4％）と市民税（6％）をあわせて，課税所得の10％を住民税の「所得割額」として納めています。同時に，②市に対して3500円，県に対して2000円の「均等割額」（年額）を納めています（徴収業務は市区町村役所で一括して行わ

れています)。

B．法人住民税は，① 法人住民税の法人税連動（「法人税割」）と呼ばれている部分[6]と，それとは別に，利益を出した黒字法人も利益を出せなかった赤字法人も納税しなければならない② 法人住民税の「均等割部分」からなります。つまり，日本の法人住民税制度では，個人住民税と違い，利益を出した黒字法人だけが① 課税所得水準に対応する税金（利益課税分）を払い，それとは別に，すべての法人が② 法人住民税の「均等割部分」を払います。

法人住民税＝<u>法人税割額</u>　　＋　　<u>均等割額</u>＝税率×課税所得＋一定額

{・黒字法人のみが支払う　　・法人の規模に応じた額
　・事業所がある自治体別に納める

さらに，① 黒字法人の課税所得を基本とした法人住民税額（利益課税分）を算出した後，その法人の事業所がある地域（自治体）別にみた従業者数比率で，その法人住民税額をそれぞれの自治体に配分する仕組みです。②の「均等割部分」は，市町村により，また法人の資本金額と従業者数の規模により，納めるべき税金の額が異なりますが，同じ地域の同じ事業規模であれば一定額となっています。

（2）固定資産税

固定資産税は財産税です。固定資産税は，個人または法人が所有する土地・建物・家屋等（集合住宅を含む）などの不動産の評価価値額，および投資でえた資産（工場，機械設備等）についての減価償却資産額に課税します。税率は都市・地域により異なりますが，固定資産税の標準的な税率は固定資産率評価額の1.4％です（固定資産税の税率の最高値は2.1％程度です）。

固定資産税の大半は不動産評価額（課税標準額）に関わっているので，主に住宅地や業務地としての不動産の「魅力度」に関係します。ほとんどの自治体にとり，固定資産税は，地方自治体が独自に獲得する税収入（歳入）のなかでもっとも大きい比重を占める地方税項目です。

（3）都市計画税

　都市の市街化区域（すでに市街地である区域と，10年以内に市街地にすると計画されている区域）にいる個人と法人は都市計画税を払います。都市計画税は都市計画事業（① 道路，駐車場等の交通施設，② 公園や緑地，墓園などの公共空間，③ 上下水道，④ ゴミ焼却場など）や土地区画整理事業等の都市整備に充当することを目的とする税で，その税率は居住地・立地場所（土地）の固定資産税評価額の0.3％です。なお，市街地とは，第4章で説明したとおり，住宅，店舗・事業所などの業務用施設・建物が適度に存在する地域でした。それは，住宅地（居住地区），商業地，業務用地区，工場地などからなります。

（4）その他の地方税

　その他の地方税として，人口30万人以上の都市において，事業所をもつ事業者は（市町村への）事業所税を払います（また，都道府県に事業税を払います）。事業所税の課税対象となる標準所得は法人住民税の課税所得と同じです。また，軽自動車税，市町村と都道府県に関わるたばこ税などがあります[7]。

　さらに，資産保有者がもつ資産として，不動産以外にも金融資産（現金，債券，金融証書等）があります。それは個人や法人が得る預金利息，配当金額等に関わりますが，所得収入として預金利息や配当金等が発生したその都度，一定比率を課する仕組みとなっていて，これも都道府県税と市区町村税からなります（なお，課税時に，他の所得との合算額を課税対象金額の対象としないで課税する方式なので「分離課税」と呼びます）。

　地方税は，地方自治体の独自収入源となるものですが，地方税収入額が基礎自治体（市町村のこと）の総収入額に占める割合は現実には約3〜5割です[8]。総収入に占める地方税収入が3割や4割程度だと，地域政策における自由度も3割程度の状態にすぎないということを表現する言葉として「3割自治」とか「4割自治」といいます。日本の地方自治体運営では，こうした状況が長らく続いています。

3-2 地方税以外の歳入

　歳入として地方税だけでは，基礎自治体（市町村）の行政運営に必要な資金の一部（約3割〜5割）しか集めることができません。基礎自治体が行政を行うために必要とする年間予算（または歳入）の5〜6割以上は，基礎自治体以外（国や都道府県など）からの資金提供と借入金でまかなっています。以下ではその代表的な項目を簡単に説明しておきます。

（1）地方交付税

　自治体が通常年度の行政サービスを行うために必要な資金額と比べて，前年度の歳入見込額が少ないとき，国が，その自治体の事業活動，前年度歳入額，自治体の規模やその他財政状況を見て，

　　　基準財政需要額（一般必要財源額）－基準財政収入額（税収等見込み額）
　　　＝財源不足額

という（国がもつ）算式から，自治体の歳入不足額を推定し，[9]その歳入不足額を「地方交付税」として補助する仕組みがあります。

　地域住民の円滑な生活に支障が出ることを防ぐため，国が補てん金を拠出・配分しているとも言えます。しかし，市町村は事業予算不足額を国が補てんしてくれると期待するとともに，過大な支出計画を立てて資金不足の状況を招いたとしても，資金不足時には国が拠出してくれると考えてしまう恐れもあります。国からの地方交付税を受け取ることへの依頼心が強まる場合や安易な期待感が高まる点では，一国全体として無駄な支出となることを抑制する観点をもたなければなりません。

（2）国からの支出金（国庫支出金）・補助金

　国からの補助金は，原則，国が実施することを決定した政策事業に関わる資金で，都道府県を経由するなどの形で，基礎自治体に配分されます。課題ごとに公募形式で資金の配分先を決める方式や，国が政策課題・条件に合致する特定の地域を指定するなどして，基礎自治体に配分されます。国から入ってくる

さまざまな補助金や助成金は，国の各（財政）年度の政策方針に基づく行政施策を推進するため，資金の使途と使用期間が限定されています。見方を変えると，国の方針に沿う政策誘導型資金といえます。当該地域（自治体）の課題と合致する場合もあると思いますが，それらの資金を自由に使って基礎自治体独自の政策や行政サービスを打ち出すことにはなりません。一方，その資金を受領できるように，国の政策基準と地域の実情を考慮して，資金申請を出すことになります。

（3）都道府県からの支出金・各種交付金

都道府県からの補助金や交付金の一部は，都道府県独自の考え方に基づくものです。

（4）借入金（または公債費）

歳入不足額を補うための借入金は通常，金融機関から直接に「借金」します。それとは別に，政令都市（や都道府県）など一部の自治体では，公債発行という形式で資金調達しますが，それは基礎自治体（地方公共団体）がたとえば「市債」と呼ばれる通常10年または5年満期の借入債券（地方債）を発行して，第三者にそれを購入してもらう形で資金を調達する方法です（企業が発行する「社債」と同じ形態です）。債務（借金）ですから，いずれは返却しなければなりません。もちろん，債券は満期が来ると一度，全額を返還（払い戻し等）しなければなりませんし，借金をすると利息・利子分が加算されます。また，10年後等に資金を返済することになるため，返済時が，借入時の首長の在任期間を超えることも予想されます。返済するためには，通常年度の歳出額を切り詰めるとか，新たに資金を借りなおすことも生じます。いずれにしても，債務は次世代に負債や負担を回すことになります。

（5）税外収入（雑収入）

税金とは違う種類の収入として，各種証明書等の発行手数料などサービス手数料や駐車場利用料等の「雑収入」もあります。雑収入とはいえ，その合計金

> 消費税は，消費者の所得水準と関係なく，消費額に対して一律に課税されます。消費税10％は，国税としての消費税7.8％と地方消費税の2.2％からなっていて，地方消費税として交付される税額は都道府県と市町村で折半されます（一部製品への消費税率の軽減税率では，2019年 9 月末までの消費税率と同様の 8 ％で，国税分6.3％，地方消費税分1.7％）。しかし，消費税は消費行動と関わるので，消費者の居住地やそれ以外の商業地や，法人等の業務地など，（卸売業や小売業など）販売活動が活発な地区を有する地域や大規模な都市で消費支出額が多くなりやすく，一部の大都市では，地方交付税額よりも地方消費税交付金額が多い状態も生まれています。

額が市税収入の約10〜15％を占める自治体もあります。[10]

4 歳出の主な構成

　行政サービスを支える資金は，税金とその他資金によると上で確認しました。次に，地方自治体は，歳入として得た資金を何にどれほど使っているでしょうか。自治体の歳出項目には，社会保障関連経費（民生費），借入金（または公債費）の返済金や利息等の支払，職員人件費，学校教育関連，公園・道路など公共施設・社会資本の建設・整備・改修費，その地域に関わるさまざまな費用項目があります。

4-1　社会保障関連経費

　社会保障関連経費とは，(1)社会保障経費と(2)社会福祉経費・扶助費の合計です。(1)社会保障経費は，① 年金，② 医療（健康）保険，③ 介護保険，④ 保育などに関わり，(2)社会福祉経費・扶助費は，① 障害者や高齢者への支援，② 児童手当，③ 生活保護などの生活扶助費，④ 災害救助費などに関わります。なお，地方自治体においては，社会保障関連経費を「民生費」「扶助費」と表現することも多いです。

　社会保障関連経費は，サービス利用者（本人），社会保険制度，国と自治体が金銭負担します。社会保障関連サービスのうち年金，医療，介護では，それ

らのサービスを使った経費のおよそ半額を私たちが毎年，保険料を払う「社会保険制度」からまかなわれていますが，自治体の負担分もあります。その合計金額は自治体の歳出総額の3割以上の比率を占める支出項目です。社会保障関連経費のうちの基礎自治体（市町村）が負担する割合を，大まかに確認してみます。

　第1に，地域内で生じた医療費の7～8％が基礎自治体（市町村）の負担分です。残りは，医療サービス利用者（患者）負担分が約12％，医療保険料で約49％，国が約26％，都道府県が約6～7％です[11]。

　第2に，地域内で生じた介護保険納付金の12.5％が基礎自治体の負担分です（残りの分は，介護保険料で50％，国25％，都道府県12.5％などです）。

　第3に，地域内で生じた生活保護費の25％が基礎自治体の負担分です（残りの75％は国です）。

　このように，社会保障関連経費に関わる基礎自治体負担割合は医療費の7％（老人医療費の場合は8.3％），介護保険納付金の12.5％，生活保護の25％などです。その他，児童手当生活扶助費，災害救助費等の一部を基礎自治体が負担しています。これらの金額や比率は2020年度の値であり，それは年度により変化する可能性があります。各自治体の居住者が，これらの社会保障サービスを使う機会が多いほど，また社会保障関連経費が増加するほど，国だけではなく，地方自治体の負担額も増加します。しかも，高齢化比率が高いほど支払対象者が増える可能性があり，自治体の負担額も多くなると推測できるのです。

　社会保障関連経費の増加傾向が止まらないのは，国民（居住者）の高齢化や長寿命化等の影響が大きいと思われます。具体的には，医療機関等への支出額（治療，入院，薬剤関連）が傾向的に増加し，他方で，介護サービスを必要とする人が多いほど，関連する歳出額の増加が生じます[12]。これに関連して，平均寿命が80歳超に延びたものの，（衣服の着脱，食事，トイレ，入浴などの生活に伴う人的支援・介助を必要としない人に対応する）健康寿命はなお70歳代にあるので，そのギャップの期間（2019年でみて，男は約7年，女は約12年。付表を参照）には介護サービスを必要とする人が生じる可能性があるのです。

社会保障関連経費のうちの年金，医療，介護は，私たちが保険料を毎年支払う「社会保険」制度に基づいて運営されています。社会保険制度とは，国民が，疾病（しっぺい），死亡，傷害・障害，失業，退職，高齢化に関する保険料を20歳から，または一定年齢時から支払い，それらの金銭的支出を必要とする事態に備えておく公的保険制度です。社会保険は，①医療保険（または健康保険料），②失業保険（または雇用保険料），③労災保険，④年金保険（または厚生年金保険料），⑤介護保険などです。

④年金保険について，自営業の人は国民年金保険料（基礎年金分とも言う）だけを支払い，雇われている人は国民年金（基礎年金分）と厚生年金分を支払います。ちなみに，国民は20歳から国民年金に加入する義務が生じますが，大学生の場合，在学中は（加入期間として計算され）納付を猶予できます（月額の国民年金保険料は，2019年度1万6410円，2020年度1万6540円でした）。大学卒業後，組織に就職する（正規の職員・社員として雇用される）ならば，厚生年金保険料として報酬月額の9.15％を自己負担します（それと同じ金額を，従業者を雇用する組織が負担します）。独立自営の人は，国民年金保険料だけの自己負担となります（税率や金額は2020年度の数値で，毎年変化します）。

社会保険は，正規雇用労働者も非正規雇用労働者も同額の保険料を払います。その保険料支払額に応じて受取額が変動する側面があります。

なお，⑤介護保険料は40歳となる誕生月から納付します。一方，生命保険や損害保険などは個人保険（私的に加入する保険）であり，社会保険（加入に対して公的な強制力をもつ保険）ではありません。

表9-2 支払者から見た社会保険料の報酬月額に対する納付率（標準事例の例示）

	本人負担	会社・組織負担
厚生年金保険	9.15％	9.15％
健康保険	4.95％	4.95％
介護保険	0.865％	0.865％
雇用保険	0.30％	0.60％
労災保険	—	0.3％

4-2 義務的経費と投資的経費

日本の基礎自治体において，項目別にみた歳出構成比率は，社会保障関連経費（社会保障・福祉・扶助費等）が約35％，借入金または公債費（過去に借りた資金の返済や利息分支払額等を含む）が約15％，人件費（自治体職員の給与等）が約10％以上となっていて，これらの3項目で基礎自治体の歳出総額の6

割程度を占める傾向にあります。

　社会保障関連経費（民生費），借入金（または公債費），人件費の３項目は，自治体の各年度の事業計画と関係なく，固定的に発生する費用の性格をもち，それらの歳出額を削減することには限度があります。社会保障関連費用は居住者の事情（高齢化，子育て家族，生活困窮度など）に依存して，自治体として特別の対応がとれない要素が多いでしょう。また，人件費つまり自治体職員の給与総額に関しても切り詰めていくには限度があります。毎年の支出が必要不可欠になると予想されるので，この３項目は「義務的経費」と呼ばれています。

　一方，学校，公園，道路など公共施設・社会資本の建設・整備・改修など，地域に関わる事業資金を「投資的経費」と呼びます。投資的経費は，（社会保障関連経費以外のあらゆる領域に必要となる）地域住民の生活に直結した事業を多く含みます。しかし，歳出予算の６割が義務的経費に充当することが毎年度ほぼ「内定」している状況を考えると，限られた歳出予算額から投資的経費に資金配分していくことには苦労を伴います[13]。

5　歳入額の伸び悩み

　地域居住者のうち従業する人の割合が減少すると，自治体として得る個人住民税収入額が減少するでしょう。また，人が進んで住みたいと考える地域や企業等が立地を望む地域の対象でなくなると，不動産価格も傾向的に下落し，（自治体の大きな収入源である）固定資産税収入額も減少すると予想されます。自治体にとっては，毎年度必要とされる社会保障関連サービス支出額など義務的経費は増加する一方で，住民税や固定資産税などの収入額が減少傾向に向かうと，投資的経費など社会資本整備やその他の事業を着実に進めていくための資金が不足してきます。言うまでもなく，社会保障や社会インフラの保守・改修など以外にも自治体が行うべき事業は多く，自治体は予算の捻出や財源確保に苦労しています。収入額の不足があると，自治体の事業活動は低下します。一方，収入不足の状況が続くと，自治体の財政基盤は悪化していくでしょう。

　では，現在の制度の下で，地方（基礎）自治体にとって地方税収入額を拡大

させる可能性はあるのでしょうか。金額が大きい2項目（住民税，固定資産税）について考えてみましょう。

5-1 住民税の拡大

自治体への住民税が拡大する一般的条件は，地域に居住する人の数（人口），ないしは，納税者の数と収入（課税所得）が増加すること，地域に立地する法人組織が納税対象者数（黒字法人）として増加することです。

（1）個人住民税

個人住民税は，納税者数と課税所得水準に大きく依存します。居住者の就労先がどの地域であれ，一定水準以上の所得を得ている人（居住者）は居住する自治体に個人住民税を払う仕組みとなっています。個人住民税は居住者の所得収入の水準に依存しているので，個人住民税の増加につながるのは，地域に居住する人が増えること（人口，納税者数の増加），とくに就労者が増えること，既存の納税者の所得金額の増加などです。所得が高い人が多く住むと，個人住民税の総額も増加し，それは自治体にとっても税収拡大に結びつきます。地域の生活環境や居住条件をよくし，居住地域としての魅力を高め，多くの人々が住みたいと思う要因を増やすことが基本だと思います。

（2）法人住民税

法人住民税は，基本的に事業所数と利益（課税所得）に依存します。法人住民税額の大半は，黒字法人の課税所得への課税分（法人割税の部分）からなります。また，法人所得の場合，複数地域で収入を得て利益を上げていたならば，売上高から全経費を差し引いた後の利益（税法でいう課税所得）に対する税額を法人が立地する市町村別事業所の従業者数の比率で按分して各自治体に納税します。つまり，法人が活動する地域（事業所をもつ地域）における従業者数の全従業員数に占める割合に応じて，法人住民税を，それぞれの地域に配分する仕組みです。

基礎自治体にとって，法人住民税の増加につながるのは，その地域（自治体

内）に立地している法人の数（地域内での事業所数），法人所得の黒字額や黒字法人の地域内従業者数が増えることです。一般には，地域外からの移動・誘致と起業を含めた地域内の法人数・事業所数，課税対象法人数，黒字法人数の増加に関心が向きます。よって，基礎自治体にとって望まれるのは，地域内法人が事業経営能力を高め，黒字法人数と法人の利益額が増えることです。

　日本では法人の約6〜7割が赤字であり，法人税（国税）や法人住民税（地方税）のうちの所得割部分を払っていない法人が多いことを考慮すると，地域内の黒字法人を増やすことは基礎自治体にとっても検討に値する課題です。[14]利益を出している黒字法人の増加は，その法人で働く従業者の収入増加や，雇用の維持・拡大につながる可能性もあります。

　以上で説明した通り，人々が多く住み，居住者の所得水準（収入）が高いほど，個人住民税の総額が増加します。黒字法人が多く存在するほど，また，法人当たり従業員数が多いほど法人住民税の総額も増加します。多くの人や組織に選ばれるよう，地域としての魅力を高めることが望まれますが，人や組織の移動やその収入を自治体が制御することはできません。人が住み，企業等が立地したいと思う魅力や，その地域での活動を続けることの利点を維持・拡大することも考えられるでしょうが，企業にとっての利点や費用の計算に関わる事項は多岐にわたるので，企業立地については，簡単にいかない側面があります。

　この点では，地域外部からの事業所の誘致と起業推進以外に，地域内の黒字法人が増えるように地域内事業者の経営状況改善の助言・支援を行うことなども考えられるでしょう。

　なお，雇用機会や税収拡大を期待して，地域外に活動拠点をもつ企業を誘致するという考え方もあるでしょうが，地域外から誘致した企業・工場や商業施設・特定店舗は採算が悪化すると撤退するので，それらを誘致する自治体の政策とその効果には限界もあります。また，企業団地や工場跡地等へ先端産業を誘致する場合，就労機会は増えるかもしれませんが，一般に地元企業との結びつきは少ないでしょう。それでも，将来の人口の維持や拡大に関わる期待や施策と見なすことができるかどうかは自治体の考え方次第です。結局，どれほどの期間において，いかなる効果を期待するかに関わってきます。

5-2 固定資産税の拡大

　土地や建物・家屋の評価価値額など，地域の不動産価値（固定資産税課税標準額）が上昇すると，固定資産税収入も拡大します。しかし，不動産評価額は社会的状況に依存して決まる側面が多いので，自治体の通常の政策と結び付けて考えるには無理や限界があります。

　一方，地域内事業者が新規に設備投資する（償却資産をもつ）こと，よって，工場の新増設や設備投資の促進は減価償却資産の増加となり，金額は大きくないですが，固定資産税の拡大につながります。

6　地方自治体の財政収支バランス

6-1　自治体経営の独立採算性

　税収入不足が続き，自治体財政が悪化する（資金不足に陥る）と，行政サービスや行政機能の全般的水準が低下し始めるかもしれません。また，老朽化したインフラ（施設・建物，道路・トンネル，水道管等）の保守・更新・補修などが先送りされると，社会基盤の劣化状況が広がってしまいます。公共交通の例で言えば，交通運行回数・運転頻度を減らすと不便になるので，利用者が減少する。すると，収入が減るので，料金を値上げする。料金が高いとさらに利用者が減る。その悪循環が繰り返されかねません。公共サービスの量的削減や質的低下（サービス切詰め，組織や施設利用の統合・閉鎖）が続くと，結局のところ，利用者減少が進んでしまうのです。他に代替可能な手段が存在しない場合，住民の不便や不利益が生じます。このような事態を回避するためにも，基本は，地方自治体が一定の収入額を安定的に確保する，ムダな支出額を削減し，地域行政サービス（事業）を持続することが求められています。

　仮に自治体財政が破綻すれば，自治体財政運営は国の管理下となります。[15]財源が大幅に不足しているわけですから，行政サービスは大きく減少するでしょう。そのような状況に陥ることなく，地域の生活や生産活動を維持し，地域の自立性を保つためにも，財政的健全性を保つことが重要です。そのためには，大きな赤字を出さないこと（赤字抑制），一時的に赤字が生じてもその赤字

（や借金）をふくらませないことや中期的期間において歳入額と歳出額のバランスをとること（財政均衡）を目指すべきでしょう。

6-2　自治体財政の健全度指標

　自治体の財政状況を点検する上で，もっとも基本的な指標を示してみます。

（1）実質収支比率

　自治体の毎年度の予算額（標準財政需要額）に対する一般会計事業の収支決算額の比率を「実質収支比率」といいます。実質収支比率を見ると，年度別の財政収支状態が赤字かどうか，予算でどれだけの支出をまかなえたかがわかります。自治体の財政状態を健全に保つためには，毎年の一般会計事業の収支をほぼ均衡（または黒字）にすることです。万が一赤字が生じた年（年度）があったとしても，早期に赤字を埋め合わせることができる（健全な状態に戻れる）範囲の赤字にとどめるべきだという考え方に立つことが望まれます。

（2）財政力指数

　毎年の定例的事業に必要となる予算額（標準財政需要額）を，自治体の歳入額（標準財政収入額。地方税収と補助金等の合計で，借入金を除く）でまかなえている比率が「財政力指数」です。自治体の年度別の財政収入獲得能力（必要資金をまかなう能力）がどれほどかを知ることができます。

　財政力指数（標準財政収入額／標準財政需要額）が1以下ということは，毎年度の定例的事業に必要となる資金をその前年度の歳入でカバーできていない状態です。その時には，（毎年度の一般会計とは別の）「特別会計」に留保していた資金や借入金でまかなうか，予定していた事業を次年度以降に先送りして，歳出額を歳入額に一致させることなどとなるでしょう。

　一方，財政力指数（標準財政収入額／標準財政需要額）が1以上であることは，毎年度の定例的事業に必要となる資金をその前年度の歳入でカバーできていることに加えて，それ以外の事業に資金を配分できる状態にあることを意味します。よって，財政力指数が1以上であると，自治体にとり，資金的なゆと

> コラム 23　一般会計と特別会計

　自治体が行う事業は住民全般に関わる事業と特定目的の事業の2つからなっています。

　① 住民全般に関わる事業に関わる予算は「一般会計」で表示され，② 市町村が運営する特定目的の事業（たとえば，病院，上下水道，交通等のサービスを提供するために自治体が設立した「公営企業」の事業），および，③ 国民健康保険等（医療保険）や介護保険等に関わる事業は「特別会計」として一般会計とは別に計算され，示されています。

　自治体全体の財政状態を見るためには，「一般会計」と「特別会計」の両方をみて，それぞれの収支状況や現金保有額などを合計して考えないと，自治体が行う事業全体の収支状態は見えません。[16] 自治体が行う住民全般に関わる事業（一般会計事業）の財政状態が「実質収支比率」でした。それに対して，自治体が行う事業全体の収支比率を「連結実質収支比率」と呼びます。

　図9-1には，自治体および自治体が運営する公営事業組織と本文で説明した健全度指標との関係を示しています。自治体事業全体の財政運営がどのような状態かを知るには，全体を見る必要があることを覚えておいてほしいと思います。

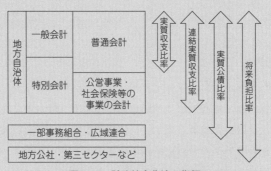

図9-1　財政健全化法の指標

注）本文では説明していませんが，地方自治体が他の地方自
　　治体や企業等と共同で組織（広域連合や第三セクター）
　　を設立する場合を含めて，表示しています。
出所）筆者作成。

　りがあるといえます。

（3）将来負担比率

　現実には多くの自治体が借入金を抱えています。毎年の予算額（標準財政需

要額）に対する借入金総額（地方債返済総額など）の比率を「将来負担比率」
と言います。将来負担比率は，借入金が年度予算額（事業資金）の大きさの何
年分に相当するか，現在の借金の返済を将来世代（地域内に住む若い人たち）
に肩代わりさせることになる度合がわかります。将来負担比率が低い方が自治
体財政としては健全な状態です。

　借入金は金融機関からの借金ですが，地方債（公債）と呼ばれる債券を発行
して資金を調達する方法もあります。地方債（市が発行すれば，市債）の多く
は借入金の返済満期日までの期間が10年程度などと長く，借入時点と返済時点
の間に時間があります。地方債を発行する時点に，返済時はかなり先のことと
見なして地方債を多く連続して発行していると，結局は，将来の自治体経営者
や次世代の居住者に負債や負担を回すことになります。地方債を安易に発行す
ることに歯止めをかけるためには，地方債の発行額に上限を設定することや，
将来負担比率に上限値を決めて，その抑制をはかることが望まれます。また，
地方債発行で得た資金の使い道には，主に将来世代が恩恵を受ける事業（水道，
学校，病院など）を対象とすべきという考え方もあります。

（4）経常収支比率
　人件費，扶助費，公債費等の経常支出合計が，毎年度ほぼ継続して見込める
経常収入に対する比率を「経常収支比率」といいます。それは，毎年ほぼ固定
してまかなうべき義務的経費の年間平均収入に占める割合なので，経常収支比
率が高いほど，義務的経費の割合が増加し，投資的経費のための予算割合が減
少します。表現を変えると，財政支出の自由度が低まる状況を反映します。経
常収支比率が高いほど，自治体の財政状態は硬直的となり，自治体として，予
算総額のうち投資的経費に（自由に）使える資金が減少してしまいます。

6-3　地方自治体の財政的健全性と自治体事業や行政サービス提供の持続可能性
　その地域に継続的に人が移り住んでくるなど，居住地域としての魅力がある
ほど，地域としての活力も税収確保も期待できます。その地域に立地する事業
者のうち，黒字経営の事業者・法人が増えれば，地方税収入への貢献も見込め

るし，黒字経営事業を継続できる限り，一定の雇用も期待できます。地域の人口や産業活動が大きく低下すると，自治体としての地方税収入が減少します。

　自治体が地域行政の担い手として財政的に健全な状態を維持し，住民への行政サービスを安定的に続ける上でも，単年度会計で財政赤字が生じたとしても，赤字額を累積的に拡大しないことが重要です。赤字が出たとき，特別会計から必要額の資金を取り崩すか，借入金等で補てんするしかないでしょうが，年度ごとの赤字削減額はいくらになるか，何年間で返済可能か，などを常に考えておく姿勢が大事です。借金（借入金または何らかの形の債務）は可能な限り，縮減していくことが望まれます。

┫練 習 問 題┣

　1　本書を読んで，地方自治体は地域において，どのような役割を果たしていると理解しましたか。
　2　自分が住む地域の自治体の歳入額と，その中での住民税や固定資産税の金額を調べてください。
　3　自分が住む地域（市区町村）の財政収支の状況は健全な状態かどうかを指標を用いて点検してみてください。

注

　1) 住民の要望は，道路補修，遊歩道整備，街灯設置，消防，救急車，街路樹剪定・落ち葉清掃，その他があるでしょう。それらは，通常，住民連合組織（連合自治会など）を経由して役所に伝達されます。
　2) 民間組織も公共財を提供できるし，提供しているという見解があります。また，技術等が変化するせいで，公共財の対象は時代により変化します。
　3) 社会的に供給が求められているサービスとはいえ，その提供を行っても事業採算がとれない場合，民間企業はそれを実施しません。市場価格機能で解決できない社会的に必需的なサービスを地方自治体（地方政府）が供給しているのです（一部の社会インフラ整備と，行政サービスや社会保障の実施など，民間企業が行動できない公共財の提供を政府が実施します。経済学の表現を使えば「市場の失敗」への地方政府の対処です）。
　4) 地域間の所得格差を抑えるという観点から，国土の均衡ある発展という表現で，全国的に社会インフラを整備するという国土計画につながりました。
　5) 市町村の財政状況は，自治体会計で表示されます。地方自治体の経営と財政原理については地方財政論などの書物を参照してください。
　6) 黒字法人について，本社所在地以外の地域（自治体）に事業所等がある場合，各地域の事業所等の従業者数の全従業者数に対する比率に応じて，法人企業が納める法人住民

税額が事業所等を置く1つひとつの地域の自治体に配分されます。なお，筆者の計算によると，利益を出している黒字法人は納税している法人全体の約3割です。また，各自治体の法人住民税収入のうちで，法人税割の部分が占める比率は約8割です。明石芳彦「大都市を活動拠点とする企業の事業業績と法人住民税」『大阪商業大学論集』15(2)，通号193号，21-36頁，2019年6月参照。

7) 市町村では，その他の「自主財源」として，上下水道の利用料金収入や，ふるさと納税制度での寄付金も含まれます。ただし，それらが市町村の財源を潤す市町村は少数，限定的かもしれません。なお，都道府県税は，事業税，自動車取得税などが代表です。表9-1参照のこと。

8)『大都市比較統計年表』平成29年，の数値から推定しています。

9) 地方交付税を受けない（「不交付団体」と呼ばれる）自治体数（東京都と市町村数）は，1980年65でしたが，1988年に193まで増加しました。その後不交付団体数は65（2003年）まで低下した後，142（2007年）まで増加しましたが，反転して2010年に42まで低下した後は86（2019年）まで増加しています。不交付団体の町村として，神奈川県箱根町，山梨県忍野村，長野県軽井沢町，滋賀県竜王町，京都府久御山町，福岡県苅田町があります。資料出所は内閣府。

10) 大都市を中心とするデータから推測した値です。自治体の歳入状況は日本の税制とも関係していますが，税制に関わる課題に興味を持つ人は地方財政論などの概説書を参照してください。専門的に詳しい説明が必要です。

11) 老人医療費では本人10%，保険49%，国33.3%，都道府県8.3%，市町村8.3%などです。

12) 介護サービスは介護保険制度ができる2000年までは社会福祉団体が提供していましたが，2000年以降は民間企業と社会福祉団体が提供しています。

13) 本書では，地方自治体の税収と結び付けて説明しています。国の政策や，都道府県と国の政策的・裁量的な資金支援についてはほとんど考慮していません。財政支出の詳しい説明は，公共経済学，社会保障論，社会福祉論の概説書を参照してください。

14) 利益法人の割合は3割余りです。全国平均値は34.4%。約3分の1の法人しか利益を出していないわけです。利益を出している法人数の比率は沖縄県が一番高く，青森県がそれに次いでいました。上の注6を参照。

15) 2020年現在，破産した自治体は日本では夕張市だけです。米国ではデトロイト市などがあります。

16) 自治体が例年行う事業の収支会計は，一般会計で示されます。一方，「特別会計」の部門では，通常，事業ごとに予算書や決算書が作られるので，自治体が行う事業の全体状況を調べるためには，図9-1に示したとおり，その1つひとつの事業収支状況を点検する必要があります。

第10章

地域の個性・魅力と地域らしさ

地域の個性や人を引き付ける要素，つまり地域らしさとか地域の魅力とは何でしょうか。第10章では，訪問したいと思わせる要因や条件，住みたいと思わせる要因を考えてみます。それは観光・集客にも関係するでしょう。

1　地域の特徴と固有性

　地域の特徴を探すとき，規模が大きい基準に従って地域要因を取り上げると，出てきた要因はどの地域でも類似してくるのではないでしょうか。地域の特徴を探るためには，規模が大きいことに着目するだけではなく，その地域にしかないもの，地域固有の個性あるものを見つけて説明することが望まれます。その（地域にしかない個性を探す）ためには，その地域内だけを見るのではなく，他地域の特徴となる要因や活動と比べながら，何が地域固有のものかを判別していくとわかりやすくなります。

1-1　地域の特徴と個性

　地域の特徴の源泉は，第1に，地域の気候，自然現象，景観など地域の立地条件や自然に造形された海や川や水辺，山や林と農地・田園など，地域の中心地よりも郊外を含む地域全体に関連します。その地域ならではの風景を目にすると，他地域とは違う固有の特徴や他地域にない雰囲気を感じることがあります。人に強い印象を与えるものは，間違いなくその地域の価値といえるでしょう。

　第2に，人が作ったものや人が関わった要素が強いものとして，地域の中心部のビル群・建築物や一般住宅，街並みや街の景観などがあります。人が作ったランドマークとなる建物やその建物と地域の一部や周辺にある自然との組み合わせが地域の外観風景を作ります。地域の街の風景にもそれぞれ個性があり，他地域にない要素が生まれます。

　第3に，地域の歴史・文化的要素としての建築物（歴史的建造物），地域の祝祭・行事（イベント），地域の伝統的要因・習慣を反映する有形・無形のものがあります。地域固有の象徴的表現物となっているデザインやアート，実演系の文化活動や行事（含・祭り），ビジュアル作品系に関わるものなども，地域の文化的価値を反映しています。その他，生活様式なども地域の独自性を象徴する歴史・記憶，伝統要素を感じさせるでしょう。

　第4に，地域の特徴を示すものの1つの代表は言葉（方言）や言い回しかもしれません。方言は地域ごとに微妙に違い，地域ごとに特徴があります。方言は，その地域と関わりがあった人（当事者）にとっては固有の意味や価値をもつでしょう。

　以上で説明したとおり，地域がもつさまざまな特徴のうち，他地域にはほとんどない要素・要因を，地域固有の特徴（個性）と呼ぶことができます。地域の個性（local color）は，地域性，地域色，地域らしさと同じです。地域の個性は，地域ごとに特徴が違うというだけでなく，そこにしかないものです。地域の伝統と呼ばれるものと重なることもあります。伝統とは，毎年の行事や日々の生活様式のなかで従来の方法や考え方を引き継ぐことでもあるのです。

1-2　地域の人々に共通の日常的生活様式

　地域の人々や居住者が共有している要素や特徴を例示すると，① 生活文化（芸術系の話ではなく，人々の日常的生活に関わる特徴的要因に関わること），② 食文化（食べ物，食事に関わる要素と慣習），③ 地域の人の生活様式や物の見方，発想法・思考法（習慣，風習），行動の仕方の特徴，④ 地域らしさのイメージなどがあるでしょう。

　これら以外にも，地域の伝統的な行事や文化活動には地域の特徴が反映され

ています。それは地域にとり象徴的意味をもち，地域の個性といえます。地域の独自性を継承する伝統工芸品，歴史的な建造物や，創作物，制作物，食文化，祭事・行事などのイベントは地域ごとに多様です。

1-3　当事者の視点と来訪者の視点でみた地域らしさ

　第3章でも説明しましたが，地域らしさとは，地域ごとの個性や地域固有の特徴であり，居住者も来訪者もともに，その地域に対して，他地域との違いを感じる特徴的要素です。歴史的要因としては，建物や施設，古い街並み，歴史を感じる風景などがあります。また，地域での昔からのやり方や考え方，生活様式の特徴，創作表現にも，地域の象徴的特徴が含まれています。たとえば，食事の調理法や味付け方法（材料・材質，加工方法），衣服や家具の形状・細工・模様や質素・華美など生活様式に関わる要素や地域の慣習は，昔の人の考え方が現代の生活にも反映している側面であり，地域の生活文化と呼ぶことができます。それも地域らしさといえるでしょう。

　別の例では，外国との交易・交流の拠点であった都市・地域には，外国文化の影響の名残や異国情緒があるかもしれません。外国の製品や文化の取り込みが早く，建物や街並みや地名のほか，服装，食べ物，行事，レジャー，生活習慣などに関して，外国風の生活様式がその地域に溶け込んでいて，人をひきつける魅力や雰囲気をもつことでしょう。それらは現代においても，その都市・地域でしか見ることができない象徴的イメージかもしれません。

　さて，地域らしさには，旅行者や来訪者の視点で見た地域らしさと，居住者・出身者の視点でいう地域らしさという2つの捉え方があるでしょう。居住者・出身者の視点でいう地域らしさの内容や特徴と，旅行者・来訪者の視点で見た地域の特徴や内容は一致する部分もありますが，一致しない部分もあります。

　旅行者・来訪者の視点とは，その地域を基本的に地域の外側から見たものです。多くの人はその地域を訪問して自分の目で直接に見る前に，その「地域らしさ」のイメージを大なり小なり持っている，期待していることが多いでしょう。観光で言う，その地域らしさなど，旅行者や来訪者の期待の多くは，マス

メディア報道や旅行関連情報に基づく印象から抱いたイメージが中心だと思います。訪問者は，報道や案内情報で知った本物・実物，実演のイメージ（事前情報内容）が実際にも同じだと確かめる気持ちをもつことも多いでしょう。しかし，人が独自に（勝手に）期待するイメージは先入観や思いこみでもあります。また，訪問時の印象には本来，個人間で評価基準に差があります。

　地域らしさを本物の自然に対して求める人（訪問者）にとり，自然と溶け合う風景，ゆったりとした自然の動き，音や風などの状況（本物の自然），地域の落ち着いた雰囲気がその人の心を捉え，包み込むのだと思います。訪問者を受け入れる地域の中には，「予想通りのところに来た」と旅行訪問者が期待するイメージを醸し出すために，古い建物や街並みを再現することや，懐かしさを視覚的に訴えるため古い道具などを集めて「予想に合致する場所」を整備することもあります。地域外の人のイメージに対応した明確な特徴を再現する取り組みです。

　一方，居住者・出身者にとっての地域らしさは，単一の要因では説明できないかもしれません。居住者のイメージは，見慣れた風景をはじめ，気候，食文化（地域の産物，味覚）など地域の日常生活に密着した要素が多く結びついていることでしょう。他方，出身者は，当地を離れて別の所に住んで以降，自分の出身地に関わる過去の姿（記憶の中の世界）を心に抱き，印象が強い部分を中心にその地域のことを考え，地域の話をすることが多いと思います。とはいえ，地域の居住者と出身者が，また，地域出身者同士が昔，同じ地域に暮らしていたという事実や，方言やしぐさの特徴および地域らしさに関する認識が共通しているとわかると，一種の仲間意識や同郷の「連帯感」に近い気持ちを生むことがあります。時には，地域への帰属意識（アイデンティティ）が人々の誇りとかこだわりや気概に結びつくこともあるでしょう。

2　地域の個性・魅力と人々の訪問

　人が居住地を離れて旅行する先はもちろん，日常的な街歩きでも予期しない発見や出会いがあります。時には人を驚かせ，温かみを感じる。あるいは，人

がそれに感動し，刺激や元気を得ることにもつながります。地域の魅力に接したことで，落ち着く。癒される。心が静まる（ほっとする）。自分らしさを取り戻せる，心身ともにリフレッシュする。このような効果も得られることでしょう。

2-1　訪問と参加・交流

　地域の特徴や個性・魅力はそれぞれの地域で違います。その地域の居住者であれ地域外からの訪問者であれ，魅力があるならば，人はそこにやってくるし，集まってくるでしょう。その地域を訪れたいと思わせる要因は，基本的にその場所にしか存在しないもの，そこでしか見ることができない景観や現象など，本物や正真正銘のものを指します。また，集客や（都市型を含む）観光に関連して，その場所でないとできないことを体験する。そこで楽しむ，味わうことが誘因となるでしょう。

　訪問動機を分類すると，第1に，「自然」や施設等，本物・実物に接することで楽しむ，感動することのインパクトです。自分が知っていたことや聞いていた内容と同じであることを確認したとき，多くの人は改めて感動します。現地・本物・実体験でしか得られない感動や期待通りかそれ以上の満足感をえることもあります。写真や画像をとり，記念の品を買う人も多いでしょう。また，景観地や郊外の自然だけでなく，それは自然と一体となった街の景観を含みます。田園，山間，水辺，農場なども関心や訪問の対象となります。地域独自の珍しいものを見て，学びを得る。地域での生活体験をする。生活様式や歴史や文化を感じる。伝統工芸活動の一端を体験する。その人（訪問者や体験者）にとっての非日常性を求めて，一時的でも各地域の自然の中や非日常的生活を味わってみたいと「不便な所」にも足を運び，さまざまな体験をします。そこに宿泊・滞在することもあります。他の地域では体験・入手できないものがあれば，高く評価されるでしょう。

　第2は，地域の象徴的施設，歴史的・文化的拠点を訪問する。名所旧跡の訪問と観覧，雰囲気がよい場所の散策などです。地域の特定街区・施設などを訪れ，街のたたずまいや日常と違う景色を見物する，散策し，訪問先の空気や雰

囲気を味わう，飲食や買い物するなど，その人にとり，新しいことを経験し，楽しい時間を過ごすことを目的に，訪問先の都市・地域を歩く形態です。人によれば，観光客用の「特別のもの」や高級なレストランのメニューではなく，その地域の普通の店舗や，地元の人に人気の「Ｂ級グルメ」などその地域の日常に関わる食事を楽しむこともあります。それは訪問者が抱く「地域らしさ」のイメージを実感させるものです。

　第3に，都市型レジャーの1つとして，スポーツ競技の観戦，音楽・映画の鑑賞，ミュージアムなどでの展示物など文化活動や実演の鑑賞，演劇・落語やトークショーの観劇が典型で，実演，実技・実物を見ることによって刺激や喜びを得ます。実演（ライブ・パフォーマンス）には，屋内施設や屋外や路上での形態があります。

　第4に，都市型観光やまち歩きがあります。都市の娯楽施設，買い物や飲食の組み合わせです。都市中心部や特定街区・施設などを訪れ，散策し，訪問先の雰囲気を味わうことや飲食や買い物をする。その地域にしか存在しない物，気に入った店舗や好きな場所がある地区，繁華街，飲食街などを訪れることでしょう。都市中心部は商業集積地でもあり，娯楽，レジャー，アミューズメントの機能が高いので，外観観賞・散策，買い物や飲食の面でも，訪問者にとり「非日常」の要素に接することができ，楽しい時間を過ごすことができるわけです。時には，訪問目的は飲食と買い物をすることだけです。

　第5に，自分が選んだ活動をするための条件や施設が整った地域に行き，スポーツや野外活動（ハイキング，ウオーキング，キャンプ），イベント交流を行うことや，自分が好きな遊園地やテーマパークなどで訪問者自らが実体験し，刺激やスリルや喜びや満足感を得ることです。あるいは，その地域の祭り，行事，その他，関心をもつ催事等，伝統文化や趣味に関わる活動に参加することや，現地見学などのイベント活動に参加し，体験することもあります。

2-2　経験価値

　人がその場で実技を行うこと（実演）は，物の所有や使用と結びついた消費による満足感とは違い，その場，その時限りのことである点や，現地・本物・

実体験でしか得られない感動や喜びを得られる点が違います。

　遊園地やテーマパークなどで過ごす時間は，「非日常的」な空間に身を置き，遊戯器具に乗ることができ，刺激やスリルが得られ，ストレスの解消となり，大いに気分転換ができ，元気になることができるので，エンパワーメント（元気をもらう）効果と呼びます。楽しいことはもちろん，心身の疲れを和らげ，心の癒しを求める目的もあるでしょう。

　都市型観光は，都市中心部の日常に接するためのための訪問・旅行ですが，当人にとっては非日常を求めて出かけるわけです。マスメディアやインターネット，配布冊子等で情報を得ていた訪問先都市の商業地，ミュージアム，文化・イベントホール，テーマパーク，娯楽（アミューズメント）に関連する施設などを訪れ，その人にとり新しいことを経験し，楽しい時間を過ごすことに価値を見出す形態です。楽しむためならば，お金と時間も多めに費やす人がいるでしょう。その人にとって，新しいことや好きなことをすることは「経験（体験）価値」を得ることにつながるので，それは金銭的支出に結びつくので¹⁾す。

　つかの間を楽しむための支出をする。あるいは，時間の過ごし方を自分で考案し，自分で準備する。1つひとつのモノやサービスを購入するのではなく，旅行や関心あるイベントに参加し，楽しい時間を過ごすことに価値を感じているわけです。保養地・リゾート地でのバカンスのように滞在地以外のどこにも行かず，特別なことは何もしない時間を過ごす形態もあります。そのとき，街・地域の雰囲気を決めるものには，街並み，景観，人の表情などがあります。²⁾それらの一部は，地域の「生活文化の特徴」と結びついています。

　その地域・都市の魅力が強いと多くの人を魅了し，地域外からも訪問者が来るでしょう。人が訪れる，人が集まる機会や要因を増やすためにも，人が魅力を感じる街をつくり，イベント等を継続的に開催し，地域の魅力を高めていくことが望まれます。

2-3　「経験価値」への消費支出

　人は新しいものや珍しいものを見たいと思うし，好むものでしょう。また，

コラム 24　「コト」消費

　消費形態（の変化）として，モノやサービス機能を買うことから，もの（有形物）を購入・保有しないで，ものの機能を必要時にだけ使う場合（リース，レンタル）は，消費支出に伴う便益や満足感に基づいていました。一方，イベント参加，文化鑑賞，グルメ型外食，旅行など「非日常」的要素に対する消費の中には，その時，その場で自分が望むように時間を過ごすことやその状況を設定する企画やメンバーとなることに進んで対価を支払う消費形態があります。滞在して何かをすること，時には決まったことをしない時間を過ごすことなど，楽しい時間を過ごす，体験型消費をする，リフレッシュするなど，これらは従来の概念でいう定型のサービス消費の内容とは違う部分があるのです。特徴は，時間経過に伴う消費支出であり，楽しい時間を過ごすことや，景観を見ることなどですが，サービスや機能を得ること（消費支出）からの満足感よりも，楽しい時間を過ごすこと（時間消費）に重点があります。いわば「楽しみのコンテンツ」の提供形態と享受（消費）形態が従来のサービス消費の形態とは違うので，その点を考慮して，物やサービスへの消費と対比させて，「コト」消費と呼ばれています。ただし，自ら歩くことなど，楽しい時間を過ごすこと自体には金銭の支払いを伴わないかもしれないので，消費という言葉を厳密に考えると，それらを含まないと思います。

　旅先や訪問先では，それまで見たことがない，味わったことがないなど，いつもと違う「非日常的状況」の中で，自由な時間を過ごして楽しむこと，自分が知らなかったことを知り，体験することに喜びを感じるでしょう。訪問先の地域に好印象をもち，その地域を気に入ると，口コミ等で推薦することも多いと思います。その結果，その地域に関する話題が増え，知名度が高まり，評判が出るでしょう。そうすると，さらに，来訪者が増えることになります。

　訪問先となる地域では，街の景観や雰囲気，お気に入りの場所，「いい店」を目指す来訪・観光・集客も少なくないでしょう。そこに存在する物や人の対応・行動（普通の会話やおもてなしなど，サービス提供を伴う）も訪問の動機となり，モノやサービスだけではなく，訪問先となる地域の日常に魅力を感じて訪れることもあります。地域居住者が地域の個性，魅力，固有なものと感じているものを地域外の人も好ましい，よいと感じるのです。そのような認識は，イベントやシンボルなどにも反映されるかもしれません。

　それまで未経験のことを初めて体験することに対して積極的となることは「経験価値」の重視です。経験価値を求めることは必ずしも消費支出を伴うと

は限りませんが，旅行先や新しい体験をしている中で，新しいものや珍しいものを見ると，好奇心はもちろん消費意欲が高まる人も多いでしょう。あるいは，自分が好きな状況での時間経過を重視した，「新しい」消費支出の形態が広がりつつあるともいえます。

つまり，従来のように，財や定型のサービスを購入する消費支出と区別して，興行や娯楽，飲食，その他，文化・芸術や旅行などに関しても，自分の自由な時間を選択的に過ごすことの価値を重視して消費支出することを「コト消費」と捉える考え方もあります。形をもたない行為や体験などの消費のうち，コト消費とは，実演，ショー，レジャー，保養などの体験型や参加型で時間を過ごす消費形態，非日常的なくつろぎの時間を重視した時間消費的行動の形態，あるいは，日常的な街歩きにおける飲食など，時間や空間を楽しむときの消費形態を意味しています。

3　訪問者や観光客を迎える地域が得る利益と不利益

3-1　旅行・観光概念の多様性

居住地等から目的地までの移動を旅行（travel, trip）といいます。旅行の移動形態には，出発地点と訪問目的地との往復，最初の訪問地と別の訪問地との間の移動があります。仕事（出張），学習，文化・スポーツ等での交流活動を目的とした移動など，その一部は娯楽・観光目的ではありません。

観光とは，非日常的なものを求めて日常生活圏から離れ，日常と違う場所・地域を訪れ，そこで（非日常的空間で）時間を過ごすことを言います。観光旅行は，訪問地の特徴を見聞し，その地域の雰囲気を体感し，楽しむことです。有名な風景や訪問先の記念碑となるものと一緒に訪問の記念や思い出のために，記念写真を撮り，土産品等を購入することもあるでしょう。観光旅行の動機や目的には，旅行者の楽しみ，リフレッシュ（疲れを吹き飛ばす，悲しみを癒す，元気になる）などがあるでしょう。観光旅行（sightseeing, tourism）も複数のタイプに区別できます。

（1）伝統的な意味での団体型観光は，集団（団体）で名所旧跡，景勝地，

歴史的建造物・行事，温泉など「観光地」と呼ばれている地域を訪問し，見る，知る，安らぐ，楽しむことが典型でしょう。観光の目的は，見聞を広めること，教養・娯楽，保養・湯池，親睦などのほか，宿泊・飲食（当地の名物や伝統的食べ物を食する）の楽しみです。「行った。見た，知った，食べた」。「行ってよかった」。これらは，マス・ツーリズム（多人数での団体旅行）の最大の特徴と言えるでしょう。

（２）個人や少人数での旅行は，関心をもった地域（選んだ地域や好きな地域）を訪れ，地域の特定施設や特徴ある場所を散策する（景色や街並み，空間と時間を楽しむ），地元の（有名な）ものを食べる，イベントを見る，イベントに参加する，などの形態があります。日帰りの訪問も多いかもしれません。訪問目的を絞り，同じ場所・施設に何度も行くこともあります。個人や少人数グループでの観光・旅行は，現在の旅行の中心といえるかもしれません。

　いずれのタイプの観光・旅行であっても，訪問される地域の側から見ると，人が訪れてくれると，消費する機会も増えると期待するので，いかなる形態の来客や集客をも歓迎するでしょう。

3-2　観光による地域への経済効果と課題

（１）金銭的収入

　地域への観光や旅行の訪問者が増えると，さまざまな形で消費支出するので，地域の小売店や飲食店，土産物店，交通・宿泊・観光ガイド等のサービス産業の収入が増えるでしょう。日本全体で見たとき，2013年以降，訪日外国人が増え，2019年，訪日外国人は3188万人で旅行消費額4.8兆円と推定されています（2020年春からのコロナ禍の影響で今後は不明です）。しかし，日本人の国内旅行者数は宿泊型3.1億人，日帰り型2.8億人，消費額は21.9兆円（宿泊型17.2兆円，日帰り型4.8兆円）ですから，観光事業としてみたとき，消費額も宿泊者数も訪日外国人より日本人の観光客の方が多い点を忘れてはいけません（国土交通省編集『観光白書』令和２年版）。

（2）評価と評判

　有形であれ無形であれ，人を引きつける要因は，地域の資源といえます。訪問者の評価が高まると，その情報が伝わり，知名度や評判が向上し，訪問者が増えるかもしれません。ときには，事業機会が拡大するでしょう。集客や観光に関連して，一時的な話題性よりも，訪問者が継続するように，人が魅力を感じる地域や街区をつくり，イベント等を継続的に開催し，地域の魅力を高めていくことに関心が集まっています。

（3）観光公害（オーバーツーリズム）

　観光の負の側面として，旅行者数が地域の収容能力を超えて多くなり，道路や通路が混雑し，また，要領を知らない利用客が多すぎて地元のバス運行予定時刻などが乱れる，現地の人の日常生活に支障が出ることもあります。また，観光地付近の駐車場や公衆トイレの過密や旅行者の利用マナーの悪さも見られます。さらに，旅行者の私有地への無断立ち入りや写真撮影，自然や文化財の破壊，落書き，無断持ち帰りなどが生じることもあります。それらのせいで，そこで暮らしている人とのトラブルや地域資産保護の方法を再検討することになります。

　観光推進の視点から，観光者・来訪者を見ると，「地域に関心をもってくれた」「地域を評価された」と居住者も悪い気はしない。一方，自然や文化財の保護や当地居住者の日常生活を守る必要があります。旅行者のマナーや素行が悪いと，来訪を断りたくなることも出てきます。

練習問題

1　自分が訪問したいと思う地域の特徴を3つあげてください。
2　地域に観光客や訪問者を増加させるには，どのような要因が重要でしょうか。
3　本書をここまで読んで，自分が住む地域の「地域らしさ」を改めて説明してください。

注
　1)「経験（体験）価値」については，B・J・パインⅡ，J・H・ギルモア（岡本慶一，小

高尚子訳）『「新訳」経験経済：脱コモディティ化のマーケティング戦略』ダイヤモンド社，2005年，参照。
2）都市中心部の区画には古い建物が混じっていることや，街区は小さく細切れになっているほうが，通行人の利便性や街なかでの予想外のちょっとした発見があり，それが街区の景観と魅力を高め，活気を生み，商業活動を行う面でも好ましいという意見があります（ジェイン・ジェイコブズ（山形浩生訳）『［新版］アメリカ大都市の死と生』鹿島出版会，2010年，第9，10章）。

第11章

地域資源の活用と地域の活力

地域の過去における活況や活発な他地域と比較して「いまひとつ元気がない」状況を指して寂れたということがあります。あるいは，地域の潜在的な能力，地域に元来ある資源が未使用状態のままで，その地域の本来の活動や活力が十分に発揮できていないという見方もできます。地域のよさを発揮し，もっと活性化させる方法を考えてみましょう。

1 地域が活性化している状態

第1に，地域の事業・産業面での活性化とは，産業活動として生産や販売が活況な状態や新しい事業や企業組織が次々と生まれる状態をいうことがあります。とくに，生産・販売活動の量的拡大や，金額基準からみた事業的成功の状態を指すこともあるでしょう[1]。しかし，全国を見渡して絶対的な規模の大きさや規模の拡大だけを基準として，地域の活性化を捉えることは必ずしも適切ではないと思います。

第2に，産業活動ではなく，祝祭や地域での行事や企画イベントなど地域居住者にとって共通の目的のために，その地域に住んでいる人々が時間とエネルギーを出し合い，個人が単独ではできないことに取り組む活動や状況もあります。人口規模が大きいとは言えない地域でも，居住者の多くが参加することや，地域外の人がさまざまな形でそれに関わることがあると，大きく盛り上がるでしょう。逆に，大都市部では居住者人口は多いとはいえ，地域固有の活動に参加する人は限られている側面もあります。地域の活力や活気は，人口や参加人数の多さ（規模）だけでなく，地域のイベント活動や特定施設の機能に関わる

人や組織の動き，あるいは，何らかの活動に取り組む姿勢や熱意に活気が表れることでしょう。活力ある地域では，人々の会話や表情も違うのです[2]。

　第3に，関心や価値観を共有する人が集まる場所や地区が存在することや，その地域で特色ある活動が継続して行われていることの結果，そうした活動に関係する人々が集まり，一緒に活動することや交流することで，地域の活動や話題（情報発信）がさらに活発になる点に着目すべきです。その地域に住んでいなくても，仕事や活動，交流，その他の理由で，その地域を比較的定期的に訪問する人の数，一緒に活動する人の数を「関係人口」といいます。それは，その地域と何らかの形で一定期間の関わりをもつ人の数（訪問者数）と定住人口を合計した数です。なお，別途，交流人口という言葉もあります。交流人口は一般の来訪者や観光客などのように，一度きりの訪問者の数を指すことが多いですが，地域との関係を捉える基準次第では，交流人口を関係人口の一部とみる人もいます。

　以上の説明からもわかる通り，活性化の捉え方には，唯一の基準があるわけでなく，必ずしも規模の大きさだけから見る必要はないのです。むしろ，人々の「活動密度」（参加度，情熱度，結集度）や活動の継続性や目的達成度などに注目する方が適切でしょう。それに関連していえば，定例のイベントであれ，活性化への特定目的をもつ取り組みであれ，地域居住者の意向や状況に沿って設定した計画や目標の達成に向けて努力している地域は，その結果がたとえ，日本の全地域のなかでの最高水準だといえないとしても，計画を着実に行い，目標を実現している地域居住者の喜びや生活の質を高めており，その目標の達成に向けて着実に努力している人や組織の姿には，十分な熱意とエネルギーや活力を感じるといえます。

　産業活動と無関係の活動が地域の活力を示すこともあるので，地域居住者が生活に必要なお金をもっているという前提で，地域活力回復の取り組みと，産業活動における活力の基準は違うこともあると理解しておく方がよいでしょう。

2 地域活性化に向けた取り組み方と着眼点

2-1 地域の活性化：一般的な見方

（1）既存企業の奮起

　地域を拠点とする企業や地域の事業者は，地域が衰退すると，自社事業も縮小すると自覚し，経営内容を刷新するなど，経営能力を高めることが求められます。事業環境への適合者だけが，事業を存続できるのです。顧客が望む事柄を探り，魅力ある商品を提供する努力や，客に選ばれる努力を続ける必要があります。顧客ニーズは変化するので，地域の事業者や製品・サービス供給者は，これまでと同様の製品・サービスを生産・販売することやできあいの物を提供する発想にとどまらず，地域内外の顧客にとって魅力ある商品を提供するという気持ちを高めることが望まれます。

（2）事業を自ら始める（興す）。新規事業の創造

　産業・事業の活性度を，新しい事業を始める人や組織が出てくる側面から捉えることもあります。従来なかった製品・サービスを誰かが提供して売れると，新しい取り組みに刺激されて別の企業も新しいことを始めると期待されます。新しい試みが次々と生まれてくれば，多くの人が変化を実感します。人や組織の動きが活性化すれば，産業活動も活発になり，話題性が向上するでしょう。

　事業所の新規開設数は，厳密な意味では新興企業（またはスタートアップ，ベンチャー企業）の創業・新規開業だけではありません。既存事業者による事業所の創設や行政地域を越えた移転数などの動きを含みます。それを含めて，地域内の事業所数の変化が地域ごとの事業の活性度を反映する指標として使われています。[3]

（3）地域の交流拠点・交流機会と関係人口

　人口減少のなか，多くの地域では減少した人口規模の復元ではなく，関係人口を増やすことを検討しています。関係人口を増やす例として，(1)最初は小さ

な施設や空間・区画のレベルで地域の交流拠点を作り，人が集まる場所や拠点を作る（施設を新たに作るより，既存のものを使う）。(2)人が集まる機会やイベントを開催する。開催回数を重ね，参加者を徐々に広げていく。そして，(3)人が集まる回数（理由）を増やし，活動範囲を広げていく。(4)別の拠点を作り，活動する空間を徐々に広げていく，ということです。これは，地域の交流拠点を作り，交流する密度を高めるという考え方です。人口が少ない地域でも，都市部の限定された地域でも，同じように取り組むことができるでしょう。

2-2　活性化の最初のステップ

　何もないところ（無）から何かを生み出す場合，新しいことを始めるための（起動）エネルギーが必要となります。地域の新しい目標をたて，それに向けた活動を始めること，新しい商品やサービスを開発し販売することには少しばかりの事業運営能力も必要です。企業や組織や個人のレベルでも地方自治体のレベルでも，すでにあるもの（既存施設等）を利用することで資金的負担を少しでも引き下げます。そして，小さな成功例をあげ，それを積み重ねていきます。欧州では都市や田舎の一地区で仕事を作り，人の交流と雇用創出を図るため，カフェ開設や食事配達サービスが提案されました。地域内で好意的な反応や連鎖反応があれば，活動や状況の変化が少しずつ広まっていく。それぞれの地域でできることから始めて，それを続けること，そして，変化を少しずつ広げていくことが地域の活力を回復し，維持し，拡大することにつながるという考え方です。

　地域の活性化を考えるとき，地域の規模や立地に応じて活性化のタイプは違います。地域活性化の場合，初めから大規模な事業を想定しても，その多くは（計画通りの結果が出るという意味では）成功しないのではないでしょうか。ほとんどの地域や事業において，小さな取り組みから始めて，そうした試みを繰り返しつつ経験・学習していく形が主だと思います。また，事業や活動の絶対的な規模からみて，大きく羽ばたくことだけが成功基準ではありません。一気に大きな変化が出てくることはないでしょうから，まずは，活動を始め，変化を起こすこと，そして，その活動を続けることです。

3 地域資源の捉え方

　地域と資源の関係，とくに地域がもつ資源の捉え方について説明します。

3-1　経済資源・経営資源

　経済学では，製品・サービスを作るとき（生産活動）に必要な有形・無形のもの（投入物）を生産要素と言います。たとえば，資本（現金・金融資産と施設建物・機械設備），労働力やスキル（技・熟練，加工技術）をもつ人，エネルギー源，土地，知識，技術などです。天然資源や人的資源など経済的価値をもつ（市場において取引可能で，希少な）要因を中心に見ています[4]。経営学でいう資源（リソースとも表記されます）もこれらとほぼ同じ内容ですが，主として企業が事業を実施する際に必要となる資源という意味で使われます。日常用語では，ヒト（マンパワー），モノ（機械・設備），カネとより具体的に表現されます。

3-2　地域資源

（1）地域資源の例示

　地域活性化を考えるときには，地域に存在するもののうち，地域の産業や地域が取り組む事業に役立つものや使えるものすべてを地域資源（の候補）と見なします。地域の活性化や地域に変化を起こすためには，何かを作る，人を引き付ける，人が楽しくなる，元気になる，心豊かになる。こうした側面が重要です。それは，物やサービスや知識等の生産・提供に使えるか，または，人の来訪をもたらすなど観光・集客に結びつくかに大別できます。

　地域資源を要因別に列挙，例示してみましょう。① 自然そのもの（気候・風土条件，地形），② 見学の対象となる景観や建築物，③ 地域の産品，食材，食べもの，④ 地域の歴史に関わる場所や施設・建物等（一部は次の文化的要素と重複します），⑤ 文化資源・文化的要素（歴史的伝統的建造物，行事・祭事・芸術的活動，デザインやコンテンツに関連する要素），⑥ 地域の産業や生

産物・伝統工芸品（とその原料と加工技術・職業能力・わざなど），⑦ 地域に関わる人や組織の能力や活動経験（知的資源，産業活動，社会活動，イベント活動を進める実施能力）など広く多様な性格に及びます。非経済的とみなされる要因を含んでいますが，非経済的とみなされる要因が人の来訪をもたらし経済的効果をもつこともあります。

　地域の産業や地域が取り組む事業に関わる物やサービスや知識等の生産・提供と結びつく要因として地域資源を，性格別に例示すると，(1)伝統的に資源とみなされていた地域産品・生産物，(2)産業的資源（地域に存在する産業がもつ拠点・施設，産業活動に伴う技能水準が高い職人などの数と質，デザイン，知識・ノウハウなど有形・無形の資源），(3)知的資源（教育水準が高い人材群，大学等の研究・技術成果）などです。

　一方，広い意味での観光・集客または地域固有のものに関係するビジネスという視点から見ると，地域外の人が興味や関心をもつこと（もつかもしれないもの）はすべて地域資源に含まれてきます。最近では，工場地帯の夜景，産業博物館なども地域資源とみなされています。伝統的観光地ではなくとも，農地を含めて，海，山，緑地や雑木林など手つかず状態の空間の広がりまで地域資源となるのです。

（2）伝統的な観光資源との関係

　地域に存在する特徴的なもの，地域固有のものは，存在すること自体が人の関心を引きつけるものです。雄大な自然そのものや観光名所あるいは地域固有の建築物や街並み，地域外の人をひきつける小売店や飲食店が集まっている商業的・娯楽的地区などには，建物や施設等は多くなくても人を引きつける要因があります。地域外の人が関心をもつ要因はすべて観光資源となります。たとえば，京都には，歴史的建造物や造形物，およびそれらが自然と溶け込む景観などの観光拠点が多数あります。また，神奈川県の箱根には温泉，山，水（川，湖水），富士山など観光資源の基本要素がすべて揃っています。そうした特別の場所は別として，どの地域にも何らかの意味で魅力となる要素が存在すると思います。それぞれの地域の中で，地域固有の資源（有形，無形）を探してみ

ましょう。

（3）実演（ライブ）

　芸術・文化・芸能関連の興行，スポーツ競技，アニメーションやコミック関連のイベント活動など実技・実演（ライブ・パフォーマンス）は，特定の日時に開催されるので，その現場にいないと体感できない点で，その場，そのとき限りの性格が強く，人の関心を強くひきつけます。実演という形式と特徴が地域内外の人々の興味をかき立てます。現代の文化活動や祭りとして，沖縄での音楽祭，各地のスポーツ競技大会，（ポップ）アート，花の祭，映画祭，食・菓子博，サンバの踊り，各種パレードなど，さまざまなイベントが各地にあります。その中で，主に住民や関係者だけが参加するそれぞれの地域の生活文化に関わるイベントもあります。これらを行う理由として，何よりも，多くの人と一緒に行うことが楽しい時間を共有できることや，目標や計画を定めて日頃から準備や努力を重ね，それをやり遂げた喜びを分かち合えることが加わる点も魅力です。実演（ライブ）としての臨場感が高まるので，他の地域ではえられない魅力があります。地域外の人も引きつけることでしょう。

　実演はその定義からいって，それ自体を量産し市場で売買することはできません（なお，動画としての画像や音声を収録してパッケージ化した「製品（製造品）」は実演そのものではありません）。商標権や著作権を別とすれば，風景や祭り自体に価格がついているわけではありません。しかし，人の関心を引きつけ，多くの人が訪問するようになると，そのような実演イベントを観覧し参加する（権利やチケット等の）価値が上昇することになります。（経済）資源として希少だから価格が付いたわけですが，人々がそれに関心をもち，見に来る。それに参加する人がいることに注目すべきです。

　なお，歴史的・文化的行事やイベント活動などにおいて，集客や動員の数量に着目する考え方もありますが，地域資源を常に規模と結びつけて考える必要はないでしょう。それらは元来，産業活動と無関係の要因が多いのですが，同時に，人を集める点で事業的要素も持ち合わせており，その一部において産業（興行）的要素が出てくることがあるだけです。

> ## コラム 25　地域資源と地域資産
>
> 　資源（resource）は，何かを行う，何かを作る場合に必要となるか，有用となる要素です。地域資源には，ありのままの状態での価値は不明なものも含まれるでしょうが，加工・編集・洗練化など，商品化されて初めて価値が出るもの，手を加えると格段に価値が高まるものといえます。つまり，一部の地域資源はでき上がったものではなく，活動の目的や用途に合うもの，ある活動に使われるもの（投入物）ということもできます。地域資源を固定的イメージで捉えないことが大事です。
>
> 　また，資産（経済的価値をもつ財産は asset ですが，歴史的に引き継いだ遺産を指すならば heritage です）は，過去から引き継がれてきたもの（すでにあるもの）で，それ自体に価値があると感じるものです。地域資産とは，地域の人々が過去に行った取り組みや建設・創造の結果，その地域に存在している有形，無形のものだと思います。たとえば，歴史的伝統的建造物，過去に外国人が居住していた地区（居留地）での建物や施設，あるいは，自然が時間をかけて作り上げたもの（造形物）をいい，金銭的・非金銭的な価値をもつものです。それを見ること，それに接することで，人の気持ちが豊かになる，刺激やエネルギーを感じとり，気力や活力を取り戻す効果があるでしょう。

（4）地域資源と観光資源

　地域資源は，何かを作る，何かを生み出す，何かを行うときに必要とされる要素で，地域に存在するものです。何かを生み出すための材料や手段として必要なもの，地元の農林水産物，天然資源など，生産に必要なもの（生産要素）だけではなく，地域の景観，産業，都市の特徴，社会インフラ，地域活動，地域の歴史や生活文化（食文化を含む），祭礼，芸能なども含まれます。また，観光産業を想定すると，他地域から人を呼ぶことができるものはすべて地域資源（観光サービスの推進要素）ともいえます。同時に，自然が作った地域の風景，地域の気候や地形や自然条件が生み出す産品など，その地域に存在していることが価値をもつものを地域の資産とも地域資源とも呼ぶことができるでしょう。地域固有の気候も自然現象や景観も，その地域に固有のもので人を引きつける要素があれば，地域の観光・集客資源となるわけです。

3-3　地域活性化のための資源と事業的活動

（1）地域資源と地域活性化のための事業的展開

　地域活性化のための事業的展開として，地域資源の使い方や用途を考えてみましょう。

　地域活性化のための資源は活性化という目的に有用となるものと関連していますが，何が有用となるかは，あらかじめ不明なので，地域活性化を考える際には，地域に存在するものや，有効に活用できるものをすべて地域資源と見なしています。上でも説明しましたが，地域資源には，観光や訪問・集客に関するものと，物やサービス（有料イベントを含む）の生産に関するものとがあります。地域資源として，風景・景観，気候・風土条件，地形，歴史・文化的要素（行事，祭事），地元特産品・料理，街並み，地域や街の雰囲気などを列挙しました。無形のものにも，さまざまな領域や次元のものがあります。歴史探訪，芸術祭など話題性があるイベント，文化活動やスポーツ活動やそれぞれの地域で「実演・実技」される形式のもの，地域の定例イベント（祭事，催事）なども含まれます。観戦・観賞予約券や入場整理券という形態をのぞけば，この種の地域資源のいくつかには価格がありません。農林水産業での日常的作業などの体験イベントについても，作業の一部を見る，聞く，学ぶ，体験するという形で，地域外の人が興味や関心をもつものがあります。

　このように，地域活性化を進める上での資源とは，物の生産活動に即座に利用できるものだけでなく，もっと広い意味で，地域活性化に有用と思われるものすべてを含んでいるといえるでしょう。活性化に結びつくものならば，伝統的産業に関連した生産物はもちろん，その地域に存在するすべてのものも該当します。

　物やサービスの生産に利用できるものなど，伝統的な生産・販売活動の源泉となる要因（資源）と違って，地域活性化にとって有用な資源とは，特定の産出物や既存の生産活動など，その内容（用途や生産プロセス）がすでに明白なものだけではないのです。地域固有物（原材料・素材，農林水産物）のうち，用途や有用性が認識されず未利用のものでも，磨きをかけるとか，従来と違う視点で活用できるという意見があるのです。未利用状態の資源に磨きをかける

作業やイベントなどを通じてさまざまな要因が地域資源となりうるのです。

（2）地域資源と地域活性化へのプロセス

地域活性化については，地域にある資源を活用し，新しい機能を見つける，既存物の機能を高める，付加価値を付けるなどの方向と，人を集めるための拠点や仕掛けを作るという方向があると思います。

地域資源となる1つの条件は，地域に存在するかなり特徴的なもの，地域固有のもので他にないため，その地域の個性を発揮するものなど，人を引きつける度合において強みの源泉となるものです。特色ある自然の風景・現象（造形，絶景，パノラマ）や歴史・文化に関係する要因は，地域資源自体が魅力あると感じるものでしょう。人を引きつけ，現地で見たいとアピールできるものです。地域や街の雰囲気，固有の生活様式，食文化やB級グルメなどの生活文化も，現地に行きたいと人を誘う要因です。

魅力ある要因が存在するわけですから，それを目的に人が見に来るのです。個性あるイベントに参加する人がいれば，集客できるのです。地域固有性や地域の魅力ある個性に，地域外の人が興味や関心をもつ，人の心を引きつける，人の訪問を引き起こすという側面です。

産品や産物など「形があるもの」を資源と捉えた場合には，地域資源という原石を見つけ，磨いていくことが求められるので，集客や観光という視点とは少し違う要素とプロセスが加わるでしょう。サービスの場合，顧客が何を期待しているかを推測し，その期待を上回るくらいのサービスを提供できるよう，提供するサービスの内容を練り上げ，提供方法を磨くことが大事でしょう。

新しいアイデアを出し，具体的に行動してみることから始まります。少し手を入れて，その地域ならではの特徴や個性を明確にし，訪問・来訪や購買の意欲を高めていくことが大事になります。変化を起こすことが必要なのです。これが地域資源となるための2つめの条件です。

4 地域資源の発見と活用

4-1 地域資源の発見

　地域資源を発見しようとする当初の段階においては，多くの地域で，他地域の成功例と同じようなことを試みようとして，それと類似の資源や即効的効果をもつものを探すため，自分たちの住む地域には，特別なものは「何もない」という意見が出ます。特別のものを探し，地元の素材や資源の不足を嘆くことはある意味で「ないものねだり」です。他地域で話題となっている資源を探し出しても，その地域内に利用経験や活用基盤がないと，うまくいかないかもしれません。また，特定のもの（投入物），おきまりの資源を探すという発想にとどまると，他地域の先行事例に見劣りすることになりがちです。そうではなく，地元にあるものの中で，地域外の人が興味や関心をもつものを探すことが基本です。その地域にしかないもの，とくに従来は正しく認識されておらず，見過ごしていた資源の有効な活用法や本来の価値などを再認識することが大事です。

　地域固有のものとは，そこでしか手に入らないもの，そこに来ないと見えないなどの意味です。地域外の人が関心や興味をもつものとは何かをじっくりと考えることが重要です。

　地域資源を探すとき，既知の産業活動で必要とされている投入物だけを見て，発想を限定して考えないことが大切です。しかし，地域外の人の関心や要望していることに地域の人は気づいてないことが多いため，地域の人は普段，目にしても，見過ごしているものの一部が「価値ある」資源かもしれないという意識をもたなければなりません。それを「発見」すること，または，地域に固有の価値を再認識する姿勢と努力が大切です。その際，地域外の人（わざわざ足を運ぶ人）やお金を払う顧客の視点から見ることが有効でしょう。

　基本的に，①その地域に（も）あるものと，②その地域にしかないもの，とでは意味が大きく違います。地域の特徴でもありますが，山や海があるという認識ではなく，他地域にない個性あるものを探すこと，その地域の固有性に

気づくということが大事です。できる限り，②その地域にしかないものを探します。その地域にだけあるもの，つまり「あるもの探し」をしなければなりません。ただし，絶景など，眼で見て即座にわかるほどにでき上がった資源はほとんどないでしょう。希少な，でき合いの「資源がある」のではなく，①「目の前のもの（その地域にあるもの）は資源となる」（可能性がある）という認識に立つことが出発点でしょう。つまり，地域資源に別の要因を加え，地域資源の使われ方を洗練化することにより，人々をひきつけるように仕立てる工夫が必要です。

　探している「あるもの」（有用な資源）とは，地域の人がいつも見ているものかもしれないのです。従来はその価値を正しく認識せず，見過ごしていたもの（資源）の価値を再認識することなのです。地域資源を「発見する」（再認識する）に際して，顧客ニーズを見きわめる着眼点や想像力を筆頭に，特徴や魅力がある商品・サービスを提供する創造性，そして，アイデアを形にしていく行動力が重要になります。小さな取り組みであっても，まずは，行動を起こすこと，そして，企画通りの事業やイベントを実施していくことなど，未利用資源を商品や具体的な姿（取り組み活動）に作り上げていくことで，事業化や活性化の状態に近づきます。意識を変えることが大切です。

4-2　用途開発：「新しい資源」としての利用法

　地域が保有する資源を活用して，新しい商品を作る取り組みは，特産品や土産物さらには観光ルートの開発などに多いでしょう。地元の素材など地域にあるものを意識した成果物の開発ともいえます。ただし，他地域の取り組みや成功事例を見て類似物をつくってみても，商品はできたが，二番煎じということもあり，売れないし，話題にもならないかもしれません。資源や事業の機会があっても，固定観念にとらわれすぎると，魅力あるアピールはできないでしょう。

　地域が保有する素材を基に活動内容や「作るもの」を決める段階で，素材や資源はあるが，それで何をつくるかが決まらないことも考えられます。地域が保有する資源の使い道を探している用途開発の苦しみの段階です。

事業においては，「作ったもの（物やサービス）」が必ずしも売れないことが悩みです。売れるものを生み出す暗中模索の状況が続きます。しかし，そもそも，「売れるもの」を探すプロセスにもいくつかの局面や形態があります。世の中の動きを見て，ヒントを得る。顧客の声を聞く。自分のアイデアに基づいて商品を作り，顧客の反応を見る。試行錯誤の状況が当たり前なのです。地域内の人だけで思いつかなければ，地域外の人との自由な検討の場を重ねることが有効かもしれません。地域外の人にとり魅力を感じるもの，興味や関心を掻き立てるものなど，その地域でしか手に入らないものを前提として，地域内にあるものの「用途探し」をすることが大事です。

　活性化を考える際に重要な着眼点は，従来ならば無用物と見なされたものでも，それを利用する状況・場面（シーン）を徹底的に考えて，「新しい資源」としての利用法を編み出すことです。目の前にあるものの使い道を考えることを第一に考えるべきでしょう。とはいえ，元のままの形では使途も不明で，魅力や有用性を感じられないこともあります。そこで，それを別の要因と組み合わせるなどして面白い使い道を工夫すると，個性や魅力をもつものに変わることになります。眠っている資源を原石にたとえるならば，原石を磨き，輝かせる努力が地域にとり新しい挑戦となるのです。地域外部の人の視点から，地域内で眠っている資源の価値を見直し，利用シーンを考えます。それを魅力ある具体的な用途に結びつくよう，そのものの価値を高めていくことが大事です。資源活用やそれから得られる本当の価値は関係者のアイデアと工夫に依存しているのです。また，そのプロセスで不足する人的資源などは地域内外でのさまざまな連携で補っていこうとする努力を払うことも重要だと思います。

　想定する顧客ニーズに対して，魅力ある具体的な用途に結びつくよう資源の価値を磨いていくことが大事です。たとえば，空き家という遊休資源をカフェ，宿舎，事業所，工房などに再生し活用する事例が多数見つかります。地域外の人の関心を分析して，顧客の視点に立って，資源を使う機会や場面（利用シーン）を思い浮かべることが大事です。そもそも利用シーンが思い浮かばないと，目の前にあるものや地域の未活用要素を価値ある資源と気づくことはないでしょう。

4-3　事業化と訴求

　事業化というとき，営利事業では人々が支払い意思をもつような条件や要因を備えることが必要です。また，非営利事業でも訪問・参加したいと思う気持ち，価値観の共有や共感を呼ぶなどの要因が重要です。地域資源を活用する際には，1つひとつの資源や要因を結びつけて，事業としての仕組みを作ること，つまり，ビジネスモデル（事業の仕組みと，収入と支出のバランス）を構築することも重要となるでしょう。

　他方，地域資源を発見するプロセスと同じくらい大事なことは，地域外の人が関心を抱く「地域らしさのイメージ」にある程度，合致させ，他の地域との違いを訴求することです。上でも説明したように，「その地域にしかない要素・要因」を意識し，それを巧みに強調するなど，本来，地域固有のものの意味を考え，他の地域との違いを明確に訴求することです。地域外の人に関心をもってもらうように，訴求点や訴求する独自の方法を検討することも重要なのです。

　地域固有の資源を発見し，それを活用する方法にも知恵を出し，商品化したものを販売する方法（形式，形態）も工夫する。自然資源の活用では，地域固有の魅力を高め，それを見たいと現地（地域）を訪問してもらう。地域外の人の違う視点，情報，意見も取り込んで，具体的な計画を立て，その地域に固有のもの（他地域との違い）を感じさせ，「関心をよぶ」形にしていく。また，顧客の好みを考慮して，製品やサービスに固有の特徴を出すことで，できれば，少し高くても，それを欲しいと思わせる（製品差別化の効果を高める）ことが望まれます。

　地域の特産品やその地域ならではの製品・サービスの特徴を明確にし，品質も高め，それに地域の名前（ブランド）を表示することを「地域ブランド」の形成と呼んでいます。時には，それに対する評価や評判が上昇し，第三者からも購入推奨の対象となることがあります。それは訪問・来訪や購買の意欲を高めていくことにつながります。産業的要素ももちつつ，地域において経済的・社会的価値を生み出すには，地域資源の原石を活用するアイデアと多くの人の工夫と努力を地域関係者が怠らないことを基本としているのです。

5 地域の活力

5-1 地域の活力と活気

　地域活性化の指標として従来，取りあげられるのは，人通りの数や訪問者数，来訪者数，イベントへの参加者数，販売金額など，多様にあります。地域外の人の関心をひきつける観光・集客の効果も同様です。たしかに，人がいて，人が来て，初めてその場所や地域の活力が出てくるので，人が集まることは，その場所や地域を活気づける側面はあります。しかし，量的指標や規模の大きさに関わる側面だけを基準とすることでよいのでしょうか。

　地域の活力や活気は，歩いている人，動いている物，地域の雰囲気に反映されるかもしれません。活動や事業に積極的に取り組んでいる人からは，さまざまなエネルギー，熱意，意欲，努力を感じとれます。その活力はそれを見ている人にも刺激として伝わり，自分も何かをやろう，できることを進んでやろうという影響を及ぼし，新しい動きを生むことがあります。地域の活力は，そのような取り組みや活動を通して他の人に伝播して，小さな変化がまた別の新しい変化となることともいえます。そうした変化の連鎖がある程度まとまると，皆が変化を感じ始めます（変化の輪が広がります）。身近な人の取り組みや身近な成功体験が，1つの模範事例（ロールモデル）となります。地域の人々が，義務感でなく，自発的，積極的に参加することと，結束して行動することがもっとも大事なのです。

　活力とは，活動している人や活動を続ける人から感じる熱意やエネルギーではないでしょうか。つまり，施設があることだけではなく施設の活用度が高いこと，人が目的をもち，動いていること（目的の実現に向けて努力していること）から情熱やエネルギーを感じ取ることができます。人が集まり交流していることを地域の人々が好ましいと感じ，それを目にした人にも刺激として伝わり，別の新しい動きに結びつくこともあります。地域の人々の気持ちや行動に変化の兆しがでてくるまで，取り組みを続けることが大事です。地域に新しい変化が生まれてくること，続けて生まれてくることを，地域の人々が好ましい

コラム 26　**新産業の創造**

　各国政府は，政策目標として「産業の創造」をしばしば掲げますが，新しい産業が急に登場することはきわめて少ないでしょう。新産業が創造されるためには，新事業を始め，産業と呼べる規模や実態にまで育てるプロセスと時間を必要とするからです。産業活動とは主に生産活動と販売活動ですが，新産業の創造となるためには，新しい販売活動が観察されることや新しい製品・サービスが一時的に売れることにとどまることなく，新しく始めた事業活動が継続し，一定の存在感をもつようになること，つまりは，販売額や従業者数で見た事業規模の拡大の実態ができ上がり，社会的に認知される規模にまで拡大しなければならないでしょう。

と感じることが基本です。

　地域の活力を生む要因としては，産業活動や地域の社会インフラや地域施設の機能の向上・改善だけではなく，人々の前向きな取り組みや努力が重要です。歴史的・文化的要因，年間行事や各種イベント活動など非経済的活動においても新しい取り組み方を加えていくことが求められているでしょう。何を行うか，なぜ行うのか，地域がもつ資源や固有の要因をいかに活用するか。これまでのやり方のどの部分を変えず，どの部分を変えていくか，どのように変えていくかなどを話し合うには，地域の人々の時間とエネルギーを必要とします。そのような話し合いをへて，それをやり遂げることも地域の活力だろうと思います。

5-2　活力を生む人や組織

　なお，地域で新しい事業を始めるというとき，既存事業者が第1の候補ですが，新規の事業者が第2の候補です。一部の大人は，いまさら「何をしても，どうせだめ」と考える傾向にあります。余計なことをしなければ失敗（出費）もない。けれども，「だめで元々」「できる限りのことをやってみよう」と，夢や目標の追求に挑戦し続ける人々が地域のなかにいると，それが変化を起こす力の起爆剤となるのです。従来とは違う見方をし，違う取り組み方をすることが，現状を変える可能性をもつのです。「よそ者，若者，ばか者が地域を変える」としばしば表現されます。夢や目標の追求に一途な人は，現状や既成概念にとらわれない視点をもっています。それは企業家精神をもつ人に共通といえ

ます。

練習問題

1 本書を読んで，地域活性化と地域資源の関係をどのように理解しましたか。
2 自分が住む地域における地域資源は何だと理解しましたか。
3 自分が住む地域の新たな地域資源を見つけるためには，どのようにすればよいでしょうか。

注
1) 1の水準にある状態を10の水準にして，10の水準にある状態を100の水準にある状態に引き上げて，事業規模を拡大し，大きな影響力を実現することを「スケールアップ」と呼んでいます。
2) その点で，東京都荒川区などのように，「下町」としてコミュニケーションが活発な地域は大変ユニークです（荒川区自治総合研究所編『地域力の時代：絆がつくる幸福な地域社会』三省堂，2012年，参照）。
3) 事業所の開業率と廃業率で見るという考え方もあります。ある地域で事業所が生まれる（地方法務局に登記される）ことを開業（または創業）といい，それまでの事業所総数に対して新しく生まれた事業所数の比率を「事業所の開業率」といいます。一方，ある地域で事業所が閉鎖される（法務局の名簿から削除される）ことを廃業といい，既存の事業所総数に対して閉鎖された事業所数の比率を「事業所の廃業率」といいます。つまり，開業率と廃業率とは，事業所や企業・組織の開設と閉鎖の数が既存事業所数に占める比率です。なお，開業率と廃業率の統計数値の計算には，① 会社の設立件数と会社数の変化をみる方法，② 事業所の設立件数と事業所数全体の変化をみる方法（個人企業を含む），③ 雇用をしている事業所の設立件数と事業所数全体の変化をみる方法（有雇用事業所の場合）などがあります。『中小企業白書』2017年，551-556頁。
4) 20世紀の半ばまで，（清潔な）水や空気，景色などには市場価格をつけることができないので，経済学では「自由財」と呼び，市場で取引できる希少性のある財を「経済財」と区分していました（サミュエルソン著，都留重人訳『経済学』上，原書第8版訳，岩波書店，1971年，32頁）。しかし，今や，生命や健康面で安全な水や清浄な空気を得るための機器を購入する人や，癒しとリフレッシュを得るための空間や観光を楽しむために消費支出する人が増えました。つまり，従来の自由財に対して，少なくとも一部の人はそれら水などに対価を支払っています。他方，インターネット上を中心に，利用者に十分な価値を提供するサービスが無料である場合も増えています。
5) 資産には，歴史遺産，文化遺産，文化財などを含みますが，ここでは，それらに限定していません。

第12章

地域の未来と地域の多様な発展

本書では，地域を地理的特性，人口，産業活動，地域の生活や文化，地域資源や地域の個性などと結びつけて説明してきました。第12章では，地域居住者の生活の楽しみや，地域ごとの魅力と地域の存在感を生む要因，地域の豊かさと地域発展の捉え方を考えてみましょう。

1 地域発展と発展の継続

　地域の発展や発展の継続には，居住者の生活の充実あるいは地域産業の活力が欠かせないと思います。ここで地域の発展とは，地域社会の基盤（インフラ）が完備し，多くの人が物質的にも精神的にも豊かで，生き生きとした生活を送っている状態，企業・非営利組織・行政機関も活力ある活動を行っている状態だと捉えています。

　居住者の生活の充実とは，多くの人が生活（life）と仕事（work）のバランスを保って暮らすことができ，仕事や地域の活動を通じて自分の社会的な存在感や自己の成長を実感できることや，趣味，教養，娯楽（文化，スポーツ，健康関連）など自分の関心事を通じて楽しく達成感を感じる日々を送ることができる状況を指すのではないでしょうか。居住者といっても，その地域で生まれ育った人，何らのきっかけでそこに住むようになった人，何かに共感・賛同して移住してきた人，さまざまな条件が整っていることで選んだ人，一時的に住んでいる人など，人それぞれに多様な事情があるでしょう。

　その地域で生まれ育った人やそこに長らく住む人を中心に，地域の伝統行事・イベント活動への関わりを重視しているでしょう。一方，地域との関わり

をほとんどもっていない人も少なくないと思います。かといって，他の地域に移転することは考えていないので，地域の居住環境がよくなることには少しばかりの協力をする人もいます。人々が働く地域と住む地域が同じではない場合，働いている場所から遠くない地域に居住地を選ぶこともあるので，居住地域の立地は住宅地中心地区または産業活動中心地区の中かその近隣かに分かれるでしょう。

　古くから人が住む地域もあるし，産業活動や交通・交流の条件が整備された住宅地として開発された後に人が住むようになった地域もあります。居住者が収入を得ることができるだけの産業・事業活動が地域内か地域の近隣で存続する限り，人々は仕事を得てそこに住み続けることが可能となるでしょう。

　このように，地域の社会インフラ，交通手段，商業的機能など，地域に住む人の生活に関わる基盤的機能（利便性，移動可能性に関わる機能）や行政サービスの水準などがそれぞれの地域における居住環境の日常的快適性を考える際には重要となるでしょう。

2　地域社会の発展と「豊かさ」

2-1　地域の成長と発展

　地域経済の成長や発展とは何でしょうか。地域経済の成長や発展とは，新しいビルが次々と建っていくことや新しい店ができることだけでしょうか。たしかに，多くの人が住み，人口が増えることは地域成長の1つの指標といえます。しかし，地域の人々が住む，就労・就学のためや自分の楽しみのために活動するという要因の組み合わせから人の暮らしがなっているとすれば，地域に暮らしている人たちの生活の楽しみや充実感と，仕事や学習や社会活動などでの達成感ややり甲斐と結び付けてみて，人々が元気で活き活きとして活動していることが大切でしょう。そこに（きわめて）多数の人が住んでなくても，日常的に一定数以上の人が集まり，交流することがあれば，それも一種のにぎわいといえるでしょう。

　経済・経営では，生産・販売活動に関わる量的拡大を「成長」と呼びます。

すると，地域の成長とは，地域の人口・従業者数，生産規模，販売額の拡大に対応するでしょう。日本では「平成の大合併」で市町村数（自治体数）は減少し，市町村の人口や面積は統計数値上，拡大しました。それも規模の拡大です。しかし，合併によって地域の状況がよくなったと感じられる市町村は多くないかもしれません。

　人が収入を得て生計を立てるためにも，地域ごとに仕事が必要であり，地域における産業の活力または産業活動の継続が望まれています。地域の産業活動の状況における変化や産業の盛衰など，地域社会環境の変化もあるでしょう。産業があること（あったこと）で，一定の人がそこに住む，そこで働く，そこを訪れるなど人の動きもあるでしょう。地域で暮らす人の生活と地域の産業活動は，相互に結びつきをもっているのです。産業活動が，地域で暮らす人の生活を収入面から支えること，地域で暮らす人が労働力を提供することで産業活動に関与していることなのです。どの地域においても，一定の雇用機会を生む程度の地域産業活性化が必要でしょう。

　一方，人々の生活の質的な向上・充実や事業者のはつらつとした活動の広がりを地域の「発展」と呼ぶならば，地域の発展は，地域に住む人々の生活の充実，つまりは，人々の生活の快適さや全般的な満足度，生活のうるおい，楽しい生活の実感などを基準として捉えるべきでしょう。人々の生活が豊かになることは，生活の基盤が保障され（最低限の）物資が量的に充足しているレベルにとどまらず，生活の内容が質的に向上し，充実していることだと思います。居住者の「生活の質（Quality of Life：QOL）」が高まるということは「食べるために働く」状況から仕事（就労）や仕事以外の活動を通じて，生活の充実を実感する，または自分の社会的役割を実感する状況や，自分が望んだことを1つひとつ達成し，自己実現を重ねていく状況ではないでしょうか。

　人々が居住する地域が「そこに住む（暮らす）ことが楽しい場所」になることが望まれるでしょうが，そのためにも，その地域（場所）での生活における当人の満足度，幸福感，安心感が満たされていることが重要だと思います。

2-2　居住者の充実した生活と地域の真の豊かさ

　居住者の楽しみという側面を見ると，地域や場所に関係する就労・就学的要素や趣味的要素もあるし，その人の楽しみ部分を実現できる地域固有の要素もあるでしょう。その地域や場所に関係するとは必ずしもいえませんが，人の生活の満足感や納得感は，広い意味での関心事や趣味など当人が興味や関心を持ち，その人がしたいこと，打ち込んでいることを続けることができるかどうかも大きな要因です。ここでいう，その人がしたいこととは，仕事，趣味，関心を持った活動やそれ以外の人的交流を指しています。それは人との関係やイベント活動など地域を限定されない生活の内容や生活の楽しみのこともあるし，地形や山辺・水辺の要素，さらには快適な居住環境など，その人が希望する自然条件や居住環境を満たす特定の地域や場所でしか実現できないこともあるでしょう。

　自分が住みたいと思った地域（場所）で生活することで幸せを感じるという満足度は，生活基盤そのものや生活環境に関わる長期的な基準を取り込んでいるのではないでしょうか。金銭的豊かさと非金銭的な豊かさを考えるときには，所得収入や富（財産）と自分の自由時間との関係，ひいては，（都心部を含む）地域における生活の質など，地域での生活と仕事との関係を見直すことに及ぶかもしれません。

　若いときは誰でも，購入したいものや所有したいものが多く，所得収入の増加を望むでしょう。一方，生活していくために必要な物財をある程度，手に入れ，生活に必要となる一定水準のお金があるならば，すべての人が経済的利益の獲得・拡大を最優先して生活しているわけではないと思います。経済的利益や給与以外の側面に生活上の楽しみや充実感を求めている人も少なくありません。充実感のある時間と生活とは，家族や友人とふれあい，楽しい時間を過ごすことの満足感や充実感を得ることかもしれませんが，同時に，自分がしたいことをできている喜びを実感できることもあるでしょう。もちろん，生活の喜びといっても，その基準は人により違うでしょう。その地域ならばできることなど，人々の満足感や達成感を支える条件や要因が何であるかとも関わってきます。

　それには，「物質的・金銭的豊かさ」だけでなく，自分が自由にできる時間を増やし，その時間の過ごし方を優先することが，生活のゆとり，生活の楽しみ方，満足度などに大なり小なり関わってくるのではないでしょうか。文化活動やスポーツ，地域の行事などが盛んなことは，人々の生活においてお金で買えない要素を伴い，「心の豊かさ」など精神的豊かさの一部となっていることでしょう。自分にとり，ある程度自由な時間を確保でき，希望する通りの時間の過ごし方ができているということです。

　仕事でも趣味でも，他人との交流でも，好きなことに打ち込める時間を可能な限り，多く，または長く確保しようとすることは，日常の生活様式や生き方と直結して考えることができます。仕事や趣味や人との交流において，専門的要素が関わってくると，働く場所，楽しむ場所が制約されるかもしれないので，自分が好きなことを行う時間を作り，条件（アクセス，施設，場所，等）を具体的に整えていく必要があります。自分が希望する通りの時間の過ごし方や，それぞれの地域での暮らし（生活）の上での利便性，地域ごとに（住んでいる人の）時間の過ごし方や生活を楽しむことにも，いくつかのパターンがあります。たとえば，日常的な生活の中での「ひと時の楽しみ」を求めるのか，または，休日等に特定の場所で，好きなことに打ち込める時間をもつのか，などです。その地域・その場所で「ごく短い」時間でも楽しく過ごすという満足感は，日常の中の一時的な時間という基準（厳しい表現では「つかの間の快適」，刹那的基準）といえます。

　日々の暮らしの中で好きなことをする，一日の中で，または1週間（1年間）の中でいい時間をすごす。好きなことにより多くの時間を自由に費やしたいとなると，それは生活様式や暮らし方の選択となり，住む場所を選ぶことも重要な要因となってきます。親しい人との交流等で楽しい時間を過ごす，当人が選んだ趣味，教養，娯楽，文化に関わる活動などで充実した時間を過ごすことが1つです。それとともに，それまではできなかったことができるようになっていくなど，その人が個人として考えている目標や計画を達成できることや他人に認められることなどに基づく自己実現や自己の成長，自己肯定感，楽しさや喜びに関する自分自身の基準に基づく満足などが，豊かで充実した生活の

もう1つの重要な目安となってくるでしょう。

　これらは，自分が自由に使うことができる時間や，時間を過ごすときの「密度」や「ゆとり」に応じて，当人の満足度，充実感，幸せ度，幸せな時が左右されるという考え方です。よい時間やよい生活を過ごし，生活の喜びと幸せを実感する。あるいは「生活の豊かさ」として，生活のいこい，安らぎ，心静まる空間，落ち着く雰囲気を伴っていることでしょう。さらに，幸せな人生の実現を突き詰めて考えると，その人が本当にしたいことは何か，つまりは，生き方にも関わってくるでしょう。それぞれの地域において，楽しい時間を過ごせる環境，居心地の良さ，これらの要素の組み合わせ方で，人が住みたい地域，人が集まりやすい地域も見つかってきます。

3　住みよい地域と住みたい地域

3-1　住みやすさ

　地域が住みよいと感じる要因とは何でしょうか。居住したいと思う要因や「住みやすさ」は多面的な指標や要因で捉えることができると思います。生まれ育った地域，気に入った地域など，理由や事情は人によりさまざまでしょう。一人ひとりが違う基準をもち，いかなる状況をも肯定的に見てしまうと「住めば都」という話になってしまいます。実際に，すべての地域が快適に暮らせる場所・地域であれば，それは喜ばしいことです。しかし，「住めば都」という意見を前提とすると，「住みやすさ」とは何かを考える思考が止まってしまいます。以下では，あえて，住んでいる人々が生活の充実を感じるような，いくつかの要因を考えてみましょう。

　その地域（場所）で時間を過ごすことが快適で，心穏やかに生活できる，人が生き生きとしている，自分の能力を発揮できる，自分の成長（活躍）を実感できる，安全，便利，快適と感じるなど，個人個人の基準はさまざまだと思います。たとえば，好奇心が強い人を中心に，新しい日用品があれば入手したいし，新しい飲食物があれば味わってみたいと思う気持ちが強いでしょう。また，新しい技術に基づいて多くの機能やサービスが充実していることを好む人もい

ると思います。もちろん，財（農水産物など）・製品・サービスの選択肢が多いこと（多様性，バラエティを望むこと）や生活を楽しむためのさまざまな種類の事業的サービスが身近にあることは，年齢と関係がなく，うれしく感じるかもしれません。物やサービスを入手できる条件が充実していて，それらへのアクセスがよいことや，それとは別の多少の刺激がある状況は多くの人が望んでいることでしょう。

　大都市部ではストレスが多く，田舎ではのんびりした状況という極端な二項対立で見ていくことは正確な理解ではなく，現実には，そこそこの都会的要素といくらかの田舎的要素が混在した地域が多いと思います。歩いて楽しい，心地よい環境を維持・整備していくうえで，地域内では，協力，ふれあい，助け合い，気配り，その地域の居住・訪問環境や心地よい状態を保つよう，居住者同士が一定の配慮を忘れず，各人の考え方ややり方を尊重することが基本だと思います。

　少し年を重ねた時点では，自分が望んでいるサービス（たとえば，子育て，教育，介護・医療などの生活支援面）が自治体等により提供されていることが居住地を決める際の優先的な考慮事項や基準の1つにあげられます。また，住民が行わなければならない行政的な手続きを素早く簡便に済ますことができることも広く望まれているでしょう。一方，最低限の機能やサービスが備わっていれば，どこでもよいという意見もあります。健康で活動的な人と，病気がちで人の支援を必要とする人とで要望事項が大きく違うかもしれません。

3-2　居　　住

　住むことの魅力とは，気候がよい，便利がよい，景色がよい，雰囲気がよいなどでしょうか。魅力ある地域・場所や気に入った地域・場所に住む人もいます。居住地として選ばれる要因として，そこは利便性が高い，楽しそう，共働きや子育て支援関連施策の充実度，あるいは，仕事も生活も楽しむ時間を得られる条件にかなうことなどです。

　居住環境（条件）のよさは，アメニティと呼ばれますが，自分が心地よいと感じる地域に対しては，他の人もその地域に進んで住みたくなるような地域居

住に関わる快適性や魅力があることを意味しています。とくに若い世代の人たちが積極的に住んでみたいと思う地域，一度住んだ人たちが住み続ける地域にしていくためにも，地域を住みよい状態としなければならないでしょう。住みよい居住環境を作っていくように取り組むことが大事だと思います。

　ただし，居住することは，一時的に訪問することと違い，そこに住むために必要となる金銭的収入（または資産）が必要です。自分が住みたいと思う地域に住み続けるためには，通勤可能な範囲の地域内に，仕事を得なければなりません。それは，雇用される場合に限られません。新たに事業を行うことも選択肢の1つでしょう。

3-3　住みたい地域，住んで生活の充実を感じる地域

　人はそれぞれ自分自身の基準として，心休まる，平穏な時間と場所とともに，楽しく充実した（張り合いのある）生活を送りたいと願っているでしょう。また，居住者の多くが，気に入った居住環境や雰囲気が持続することを望んでいるでしょう。それは自然環境，都市・地域の機能的サービス，利便性，地域の雰囲気などに関わっていると思います。希望した地域で暮らしていける，そこに住むことでくつろぐことができ，落ち着く場所であることや，人とふれあう，人と交流する，楽しい時間を過ごす場所であることを重視する人も多いでしょう。あるいは，どこに行くにも何をするにも便利であること，居住地の周辺を歩き回ると楽しい空間があること，他人との交流の条件として地域内に仲間がいることを重要と考える人もいるでしょう。

　都市部・都心型地域と郊外・田舎型地域を大別していえば，都市部・都心型地域では，近隣で用が足りる，選択肢が多い，交通至便，一定時間内でこなすことができる活動項目数が多くなるという意味で，生活面での利便性が高く，時間効率が高くなる，生活密度が濃くなると思います。郊外・田舎型地域では，相対的に豊かな自然環境，広い生活空間，自分の自由時間が多く，ゆったり暮らせる側面（利点）があるでしょう（第4章では，両極端の要因を列挙してみました）。利便性等を優先しすぎると，日常生活における過密状態や，混雑や孤独に起因するストレスが生じる人もいると思います。

　他人は「何もない」という場所でも，自然に触れる，自然に抱かれる（包まれる）という環境で，心が癒され，自分らしさや人間性を回復することもあるでしょう。わずらわしい人間関係や日常的なストレスから解放され，心身ともにリフレッシュしているかもしれません。

　誰でも生活（人生）を楽しむ，自分が自由にできる時間をもつ（ゆとりを感じさせる，心地よい，楽しい）ことが日常的に実現できているならば，生活の豊かさを実感できるでしょう。住みやすい地域や，暮らすにはよい地域という条件は人により違う側面があるのです。なお，人により，居住地や活動環境に対する好みや要望の優先度が異なるのはもちろん，同じ人でも，年齢や生活状況により，考え方や好み，要望が変化することもあります。

3-4　地域振興の今日的課題

　地方の人口が毎年少しずつ減少しています。地方に「仕事がない」ことが地方離れを加速させている一因でしょう。定住していくための経済活動と生活に関わる基盤を保つ。地域人口の減少幅を小さくするため，地方に仕事を作り，働く場所を維持することは，地域振興という言葉にとどまらず，地域経済社会を下支えする基本的条件の整備に関わることだと思います。

　1960年に国民所得倍増計画が策定され，政策推進のため，太平洋側に工業地（太平洋ベルト地帯）を集中的に建設しました。その結果，工業の活況度やそれに伴う雇用機会や平均所得水準でみた地域間での相違への不満が生まれました。その不満の声に対応するため，地域間の所得格差の是正が重視され，それに関わる基礎的条件として社会インフラの整備，雇用機会を創出する政策として1962年以降，全国総合開発計画が図られました。このときの地域振興は，生活と生産の基盤を全国に少しでも均等な形で配分するという国の政策的方針に基づき，地方への工場誘致を促進する政策方針を定め，地域振興策として，道路等，交通体系の整備がなされ，工場誘致の条件を整え，就労の場を地方に作る政策が推進されました。それは，定住条件の間接的整備ではありましたが，国（中央）が全国一律に進めた地域社会のインフラ整備に過ぎなかった側面もありました。つまり，道路は良くなったが，車はさほど走っていないという状

況も見られたわけです。

　産業振興の一般的要因と関連して，(1)生産活動が企業の期待通りに進む限り，雇用機会は存続するだろうと考えられます。とくに，その地域を生産の拠点として，地域外に販売する状況が続くならば，それは地域社会の産業活動拠点としての機能を存続できるでしょう。また，(2)販売活動の拠点が地域内にある場合，小売販売店が開設された当初の雇用機会がどれほど継続されるかは，各店舗の売上高の大きさ次第です。地域密着型産業では，売上高は，地域における購買力に依存するでしょう。

　地方の自治体というレベルか，自治体を構成する1つひとつの地域というレベルなどでは，地域の特徴や独自性を維持し，それらを拡充させていく取り組みも重要でしょう。この点で，地域に住む人々も自分が日常的に生活する空間的範囲で，その地域を居心地がよいと感じる場所を作る，その状況を維持するように，自主的・主体的に取り組むことが望まれます。居住者同士の話し合いの機会を作り，地域コミュニティとしての良好な関係を保ち，最小限であっても社会的な支えあいをすすめることが望まれます。

4　地域の未来と地域の人々の生活

4-1　地域経済社会の盛衰と人々の生活

　都市部でもそうでない地域でも，昔は栄えていた地域，今も人々が集まり交流する地域，自然環境がよい地域があります。手入れが届いた農地や河川・里山とそうでない手つかずの草地や雑木林が多い地域もあり，外観風景はさまざまでしょう。繁華街・商業地区と住宅地区で様相はまったく違いますが，商業地区の活況が続くためには，顧客が来訪するだけの魅力を保たなければなりません。いかなる地域においても地域経済や産業活動に盛衰はあると思います。他方，地域社会の未来のために地方自治体の財政的な安定と自律が求められています。大きな赤字を抱えることなく，課題に応じて必要な資金を拠出できるように自治体の財政収支バランスに留意する必要があるでしょう。

　地域の現状をいかに維持・向上するか。住民一人ひとりにとって，生活する

上で最低限の条件が満たされていること，その地域に住み，暮らしていけるための仕事の確保，お金と時間の使い方にある程度の自由度があること，心にゆとりがあることなどが，個人としての生活基盤を形成し，生活の豊かさを高めていくことになります。将来に対する漠然とした不安（金銭的不安と生活やその他要因に基づく不安）の解消に心をくだく状況から脱して，努力すればよい結果が出ると思うことができるよう，誰もが将来に対する希望をもてることが望まれます。

　多くの人は，特定の地域を中心に生活しています。人はそれぞれ，自分にとって，快適な環境の下で生活することができ，自己実現できること，かけがえのない充実した時間をすごすことを希望しています。そのためには，行政機関もさることながら，その地域に住む人々が自らその地域の未来を考え，住みよい環境を作っていくように取り組むことが大事だと思います。

4-2　地域の未来

　地域の未来につながる課題を１つひとつ解決し，克服していく地域となるためには，今，なすべきこと，できることを，地域に住む「自分たち」で考え，決め，そして，実行していくことが重要でしょう。「主体的」に行動するためには，その地域に関わる人々が当事者意識をもつことが大事です。課題がない地域はありません。人や組織が少し高い目標をもつと，何らかの課題が見えてきますが，前向きに取り組む上でも，課題をもつことの方が健全といえます。その際，地域に住む人々が地域の抱える課題と向き合うことが基本となります。地域の課題解決や状況改善に向けた意見をもち，それに沿った取り組みに参加する気持ちや，なにがしかの情熱をもつことが大切です。

　地域の未来に関して，地域に住む人や地域に関わる人がいくばくかの努力を重ねていくことで，少しでも望ましい方向に向かうでしょう。個人的な事柄であれ，自分が関心や関わりをもつ地域のことであれ，未来に関わる目標や進むべき方向性を定めておくことは，現在の生活や活動にとり，努力や活力の源になります。つまり，未来に対する希望があればこそ，日々の暮らしや活動における困難や課題を克服することができると思うからです。

地域が目指す方向性とは，他地域との比較やその模倣ではなく，それぞれの地域に住む人々が自分たちで描いた将来への道筋に沿う形で決まっていくものでしょう。そして，自分たちが自ら決めた方向性に進んでいくためには，人々ができる範囲で協力しあい，当初の目標や未来への方向性を定期的に確認，点検し，必要に応じて見直すなどの努力が大切です。地域の未来像や年間事業計画に沿う形で，活動を行い，地域の活力を保ち続けることが住む場所としての魅力や訪問する場所としての魅力を高めることにつながるでしょう。地域に住む人が健康を保ち，自分のテーマをもち，生き生きと暮らすこと，楽しく，充実した日々を続けられることが望まれます。

　最後となりますが，自分の地域にはない特徴を，他の地域において発見することがあるでしょう。また，地域や街の雰囲気になぜ，違いが出てくるのだろうかと感じることがあります。他の地域のことを知ることを通じて，自分の地域との比較や自分の住む地域の特徴をより多く知り，地域の状況を考えることに結びつくのです。

　日本は狭いようで，広いといえます。また，違う地域に住む人々の考え方や物の言い方を表面的な形や内容だけで判断することは間違いのもとです。どの地域にも固有の特徴や画一的でない個性があるのです。世界にはもっと広く，多様な特徴をもつ地域があることを忘れないでください。これからも，自分に関わる地域，他の地域について，興味や関心（好奇心）をもち続けてください。

練習問題

1　自分が住んでいる（または，自分が関心をもつ）地域の未来を明るいものとするためには，何が求められているのでしょうか。
2　本書を読んで，生活の豊かさをどのように理解し，考えましたか。
3　自分が住む地域の発展や将来の姿について，どのように説明できますか。

さらなる学習のために

　本書では，地域に関する基本的知識を系統的に説明しました。地域に関する具体的な取り組み事例，地域に関わる政策とその効果などを学習し検討する前の段階で知っておいてほしい事柄を中心に説明しました。ですから，国内外の専門用語を知らなくても理解できるように心がけました。

　今後，さらに学習するための文献の候補は次のように，例示できます（文献は著者名の ABC 順に並んでいます）。

藤井正・神谷浩夫編著『よくわかる都市地理学』ミネルヴァ書房，2014年。

清成忠男『地域主義の時代』東洋経済新報社，1978年。

清成忠男『地域産業政策』東京大学出版会，1986年。

清成忠男「地域創生への挑戦」有斐閣，2010年。

増田寛也編著『地方消滅：東京一極集中が招く人口急減』中公新書，2014年。

増田寛也『東京消滅：介護破綻と地方移住』中公新書，2015年。

増田寛也・河合雅司『地方消滅と東京老化：日本を再生する 8 つの提言』ビジネス社，2015年。

長洲一二・中村秀一郎・新野幸次郎編著『地方の時代と地域経済』ぎょうせい，1982年。

中村良平『まちづくり構造改革』日本加除出版株式会社，2014年。

関　満博『地域経済と中小企業』ちくま新書，1986年。

冨山和彦『なぜローカル経済から日本は甦るのか』PHP 新書，2014年。

あ と が き

2040年頃，自分が関心をもっている地域が現状に近い状態で維持されている
でしょうか。人口減少，高齢化，産業活動の状況を考えると，地域の持続可能
性への懸念も多少，生じてきます。あるいは，道路や橋，建造物の保守・点検
と更新，高層化住宅の老朽化，居住者の生活様式の変化，求められる職業的能
力の変化なども予想されます。

本書では，人が住む地域，その地域を特徴づける要因として，気候・地形，
立地，規模，産業活動と就労機会，地方自治体の財政力，地域資源（歴史・文
化，産品等）など，産業活動に関連した要因と産業活動に関連しない要因の両
面をとりあげ，地域の特徴や地域の活動と活力に関わる基本的な捉え方を説明
しました。

それぞれの地域に関わる事例分析を進めていくなど，地域について，より具
体的，より専門的な事柄を学んでいくためにも，学習の初めの段階で地域社会
に関わる基礎的概念や基本的な事柄と，日本の制度や実状を大まかに知ってお
くことが望ましいと考えます。その意味で，本書の目的は，地域に関わる専門
的内容を学習する前の段階での基本的知識を系統的に提供することです。

本書は当初，筆者が大学で担当している講義「地域探究論」のテキストとし
て構想しました。その後，学生はもちろん，一般の読者にも関心をもち読んで
いただくことを前提に，地域の特徴を理解し，それを人に説明するための基本
事項が一通り記述されているように全体構成や各章の内容を考えました。筆者
が参照した文献は注や巻末に示しましたが，地理学関連，地域経済論，地域社
会論，地域産業論など専門領域の既存文献の内容を紹介する形式をとっていま
せん。可能な限り平易に表現することを優先したこともあり，通説と違う説明
の仕方を含んでいるかもしれません。これらの点については，読者の忌憚のな
いご意見をお待ちしています。

なお，本書の刊行に際しては，ミネルヴァ書房の浅井久仁人さんに大変お世話になりました。記して感謝の気持ちを表します。

　　　2020年12月

明石芳彦

付　表

　自分が関わる地域の実情を具体的に知ることができるように，巻末には都道府県別のデータを掲載しています。本文との関係では市区町村のデータを示す方がよいのですが，少し調べてみると，都道府県に関する統計資料は入手できるが，都市や地域に関して，それと同じデータを入手することは難しいとわかりました。やむを得ず，都道府県のデータを示しました（なお，自分が関心をもつ項目の最新データが必要な場合，自ら探してください）。

都道府県名	2017年	2017年	2017年	2017年	2020年4月1日	2020年4月1日
	最高気温	最低気温	日照時間	降水量	人　口	人口密度
	度	度	時間	mm	万人	人
北海道	27.7	−7.0	1820	1158	524.9	66.9
青森県	28.6	−3.2	1660	1388	124.6	129.2
岩手県	29.2	−4.7	1640	1410	122.6	80.3
宮城県	29.3	−0.7	1910	1321	230.3	316.3
秋田県	29.1	−2.0	1600	1935	96.6	83.0
山形県	30.7	−2.5	1556	1342	107.7	115.5
福島県	31.4	−1.3	1777	1203	184.8	134.1
茨城県	30.8	−1.8	2145	1127	286.8	470.4
栃木県	31.2	−1.9	2035	1308	194.2	303.1
群馬県	32.0	−0.2	2247	1193	193.8	304.6
埼玉県	32.8	−0.4	2295	1309	733.7	1932.0
千葉県	31.4	2.8	2054	1250	627.9	1217.4
東京都	31.8	1.7	2051	1430	1394.3	6354.8
神奈川県	31.2	3.1	2175	1629	920.0	3807.5
新潟県	29.8	0.3	1643	2037	222.2	176.6
富山県	31.3	0.2	1737	2700	104.3	245.6
石川県	31.2	1.1	1850	2703	113.7	271.7
福井県	32.0	0.4	1764	2507	76.8	183.2
山梨県	33.3	−2.3	2357	107	681.2	181.9
長野県	30.2	−4.1	1976	1194	204.9	151.1
岐阜県	32.9	0.4	2178	1864	198.9	187.3
静岡県	31.5	2.4	2325	2108	363.9	467.9
愛知県	32.7	1.0	2221	1702	755.3	1460.0
三重県	31.8	2.2	2181	1680	178.0	308.2
滋賀県	31.8	0.7	1935	1895	141.4	352.0
京都府	33.6	1.5	1873	1470	258.3	560.1
大阪府	33.8	2.9	2185	1276	882.3	4631.0
兵庫県	32.6	3.2	2195	1196	546.4	650.4
奈良県	33.2	0.0	1891	1291	133.1	360.7
和歌山県	33.6	3.1	2205	1342	92.4	195.5
鳥取県	32.8	1.1	1829	2248	55.6	158.4
島根県	31.5	1.1	1852	1761	67.4	100.5
岡山県	33.7	0.5	2130	1206	189.1	265.9
広島県	33.3	2.1	2098	1620	280.8	331.1
山口県	33.9	0.3	1989	1764	135.5	221.8
徳島県	32.7	3.1	2259	1496	72.9	175.7
香川県	33.9	2.3	2179	1416	95.6	509.4
愛媛県	33.2	2.8	2073	1530	133.9	235.9
高知県	33.4	2.2	2218	2022	69.8	98.2
福岡県	33.8	4.0	2069	1319	511.0	1024.8
佐賀県	33.5	1.9	2035	1635	81.4	333.6
長崎県	32.6	3.7	1932	1779	132.5	320.8
熊本県	33.5	1.0	2069	1819	174.7	235.7
大分県	32.9	2.8	2070	1910	113.4	178.9
宮崎県	33.0	2.8	2224	2722	107.2	316.3
鹿児島県	33.8	4.6	2027	2274	160.0	174.2
沖縄県	33.6	14.7	1646	1907	145.4	637.5
全国 平均値	32.1	1.0	2004	1648		
出所	(1)	(1)	(1)	(1)	(3)	(3)(4)

204

2015年	2019年度	2019年度	2019年度	2019年度	1975年	1975年
人口集中地区人口の全地域に占める比	人口構成比				平均寿命	
	0-14歳	15-64歳	65歳以上	うち75歳以上	男	女
%	%				歳	
75.2	10.8	57.4	31.9	16.2	71.46	76.74
46.6	10.7	56.1	33.3	17.1	69.69	76.50
31.9	11.1	55.8	33.1	17.7	70.27	76.20
64.1	11.8	59.9	28.3	14.3	71.50	77.00
35.0	9.8	53.0	37.2	20.0	70.17	75.86
43.7	11.4	55.1	33.4	17.9	70.96	76.35
42.6	11.4	57.1	31.5	16.3	70.71	76.35
38.2	11.9	58.6	29.5	14.5	70.58	76.12
45.2	12.1	59.2	28.6	13.9	70.61	76.31
39.9	11.9	58.2	29.8	15.1	71.23	76.42
80.2	12.0	61.3	26.7	13.2	71.88	76.61
74.3	11.8	60.3	27.9	13.9	71.99	77.07
98.4	11.2	65.8	23.1	12.2	73.19	77.89
94.4	11.9	62.7	25.3	13.0	72.95	77.85
48.7	11.4	56.2	32.4	17.0	71.14	76.76
37.8	11.4	56.3	32.3	16.9	71.11	76.56
51.5	12.3	58.1	29.6	15.1	71.63	76.58
44.0	12.6	56.7	30.6	16.1	72.21	76.81
31.2	11.7	57.5	30.8	16.3	71.66	77.43
34.2	12.2	55.9	31.9	17.4	72.40	77.00
38.2	12.5	57.4	30.1	15.6	72.18	76.41
59.9	12.3	57.8	29.9	15.4	72.32	77.64
77.5	13.1	61.8	25.1	12.7	72.39	76.63
43.5	12.2	58.0	29.7	15.6	71.75	76.84
49.7	13.8	60.2	26.0	13.0	71.51	76.47
83.6	11.6	59.3	29.1	15.2	72.63	77.30
95.7	11.8	60.5	27.6	14.3	71.60	76.57
77.7	12.3	58.6	29.1	15.0	71.82	77.13
64.8	11.9	56.8	31.3	16.2	72.00	76.76
37.2	11.6	55.3	33.1	17.6	71.25	76.81
37.0	12.5	55.4	32.1	16.9	71.42	77.45
24.2	12.3	53.4	34.3	18.6	71.55	77.53
46.7	12.5	57.1	30.3	16.0	72.25	77.76
64.5	12.8	57.9	29.3	15.1	72.04	77.48
49.2	11.6	54.1	34.3	18.1	71.20	77.27
32.7	11.2	55.2	33.6	17.5	70.71	76.00
32.6	12.2	56.0	31.8	16.4	71.91	77.12
52.9	11.8	55.1	33.0	17.2	71.25	76.91
43.5	11.1	53.7	35.2	18.9	70.20	76.50
72.4	13.1	58.9	27.9	14.0	71.41	77.44
31.4	13.5	56.2	30.3	15.6	71.10	76.83
48.0	12.7	54.7	32.7	16.9	70.74	76.46
47.8	13.3	55.6	31.1	16.4	71.36	76.89
47.2	12.2	54.9	32.9	17.3	71.03	76.73
46.1	13.3	54.5	32.3	16.8	70.75	76.77
40.2	13.3	54.8	32.0	16.9	70.54	76.53
67.8	16.9	60.9	22.2	10.9	72.15	78.96
68.3	12.1	59.5	28.4	14.7	71.79	77.01
52.5						
(1)	(1)	(1)	(1)	(1)	(7)	(7)

都道府県名	2015年	2015年	2016年	2016年	2016年度	2016年度
	平均寿命		健康寿命		食料自給率	
	男	女	男	女	金額ベース	カロリーベース
	歳				%	
北海道	80.28	86.77	71.98	73.77	207	185
青森県	78.67	85.93	71.64	75.14	257	120
岩手県	79.86	86.44	71.85	74.46	184	103
宮城県	80.99	87.16	72.39	74.43	87	72
秋田県	79.51	86.38	71.21	74.53	133	192
山形県	80.52	86.96	72.61	75.06	168	139
福島県	80.12	86.40	71.54	75.05	89	75
茨城県	80.28	86.33	72.50	75.52	129	70
栃木県	80.10	86.24	72.12	75.73	117	70
群馬県	80.61	86.84	72.07	75.20	102	33
埼玉県	80.82	86.66	73.10	74.67	22	10
千葉県	80.96	86.91	72.37	75.17	67	27
東京都	81.07	87.26	72.00	74.24	11	1
神奈川県	81.32	87.24	72.30	74.63	10	2
新潟県	80.69	87.32	72.45	75.44	104	112
富山県	80.61	87.42	72.58	75.77	61	79
石川県	81.04	87.28	72.67	75.18	52	49
福井県	81.27	87.54	72.45	75.26	55	68
山梨県	80.85	87.22	73.21	76.22	85	20
長野県	81.75	87.67	72.11	74.72	123	53
岐阜県	81.00	86.82	72.89	75.65	49	24
静岡県	80.95	87.10	72.63	75.37	52	17
愛知県	81.10	86.86	73.06	76.32	31	12
三重県	80.86	86.99	71.79	76.30	65	42
滋賀県	81.78	87.57	72.30	74.07	36	51
京都府	81.40	87.35	71.85	73.97	22	12
大阪府	80.23	86.73	71.50	74.46	5	1
兵庫県	80.92	87.07	72.08	74.23	36	16
奈良県	81.36	87.25	71.39	74.10	24	15
和歌山県	79.94	86.47	71.36	74.42	115	29
鳥取県	80.17	87.27	71.69	74.14	130	62
島根県	80.79	87.64	71.71	75.74	102	66
岡山県	81.03	87.67	71.54	75.09	63	36
広島県	81.08	87.33	71.97	73.62	39	23
山口県	80.51	86.88	72.18	75.18	45	32
徳島県	80.32	86.66	71.34	74.04	131	43
香川県	80.85	87.21	72.37	74.83	92	35
愛媛県	80.16	86.82	71.33	74.59	122	37
高知県	80.26	87.01	71.37	75.17	162	46
福岡県	80.66	87.14	71.49	74.66	38	19
佐賀県	80.65	87.12	71.60	75.07	160	87
長崎県	80.38	86.97	71.83	74.71	142	45
熊本県	81.22	87.49			158	58
大分県	81.08	87.31	71.54	75.38	124	47
宮崎県	80.34	87.12	72.05	74.93	287	66
鹿児島県	80.02	86.78	72.31	75.51	260	89
沖縄県	80.27	87.44	71.98	75.46	56	33
全国	80.77	87.01	72.14	74.79	67	38
平均値						
出所	(2)	(2)	(13)	(13)	(2)	(2)

都道府県名	2019年 1世帯当たり人員	2015年 単独世帯比率	2018年 合計特殊出生率	2018年 持ち家比率	2018年 持ち家住宅の延べ面積（1住宅当たり）
	人	％	％	％	m²
北海道	1.91	37.3	1.27	56.3	120.2
青森県	2.18	30.1	1.43	70.3	148.4
岩手県	2.37	30.4	1.41	69.9	147.4
宮城県	2.31	34.4	1.30	58.1	130.7
秋田県	2.35	27.9	1.33	77.3	154.3
山形県	2.64	25.5	1.48	74.9	160.9
福島県	2.42	30.6	1.53	67.7	140.0
茨城県	2.35	28.4	1.44	71.2	129.2
栃木県	2.37	28.8	1.44	69.1	129.9
群馬県	2.34	28.6	1.47	71.4	129.0
埼玉県	2.23	30.5	1.34	65.7	106.5
千葉県	2.18	32.4	1.34	65.4	110.6
東京都	1.91	47.3	1.20	45.0	93.3
神奈川県	2.12	35.5	1.33	59.1	99.6
新潟県	2.51	27.6	1.41	74.0	154.8
富山県	2.52	26.1	1.52	76.8	171.8
石川県	2.36	31.5	1.54	69.3	158.2
福井県	2.66	26.4	1.67	74.9	164.7
山梨県	2.31	29.5	1.53	70.2	136.0
長野県	2.41	27.9	1.57	71.2	148.3
岐阜県	2.48	25.8	1.52	74.3	143.8
静岡県	2.35	28.5	1.50	67.0	127.8
愛知県	2.29	33.5	1.54	59.5	125.3
三重県	2.29	29.4	1.54	72.0	131.9
滋賀県	2.45	28.5	1.55	71.6	139.5
京都府	2.10	38.2	1.29	61.3	111.1
大阪府	2.06	37.5	1.35	54.7	101.8
兵庫県	2.19	32.7	1.44	64.8	115.9
奈良県	2.30	25.7	1.37	74.1	128.7
和歌山県	2.19	29.4	1.48	73.0	124.4
鳥取県	2.39	29.5	1.61	68.8	151.4
島根県	2.35	30.2	1.74	70.2	152.1
岡山県	2.26	32.2	1.53	64.9	133.7
広島県	2.16	34.5	1.55	61.4	120.1
山口県	2.09	33.3	1.54	67.1	125.8
徳島県	2.24	32.2	1.52	69.2	134.6
香川県	2.24	31.6	1.61	69.3	132.8
愛媛県	2.11	33.6	1.55	66.5	122.5
高知県	2.04	36.4	1.48	64.9	116.8
福岡県	2.12	37.4	1.49	52.8	115.6
佐賀県	2.48	26.9	1.64	66.9	139.8
長崎県	2.15	31.9	1.68	63.7	121.5
熊本県	2.28	30.9	1.69	61.9	126.0
大分県	2.16	33.2	1.59	63.6	123.4
宮崎県	2.10	32.1	1.72	65.7	115.9
鹿児島県	2.03	35.7	1.70	64.6	108.5
沖縄県	2.26	32.4	1.89	44.4	105.3
全国	2.18	34.5	1.42	61.2	130.4
平均値					119.9
出所	(1)	(2)	(2)	(2)	(1)
				居住世帯あり住宅数に対する比率	

都道府県名	2018年	2018年10月	2019年10月	2018年10月
	借家住宅の延べ面積 （1住宅当たり）	空き家率	一般病院病床数 （人口10万人当たり）	人口1人当たり医療費
	m²	％	床	万円
北海道	51.9	13.4	997.4	40.6
青森県	54.6	14.8	807.7	35.3
岩手県	52.6	16.1	739.3	33.4
宮城県	47.0	11.9	674.9	32.1
秋田県	52.1	13.5	893.0	37.5
山形県	51.9	12.0	802.7	35.2
福島県	50.3	14.3	809.5	33.5
茨城県	49.1	14.7	626.3	31.3
栃木県	49.7	17.4	610.8	31.4
群馬県	48.3	16.6	744.2	32.3
埼玉県	46.1	10.2	508.8	30.3
千葉県	46.5	12.6	577.2	30.1
東京都	40.8	10.6	581.3	31.4
神奈川県	44.2	10.7	509.4	30.6
新潟県	50.3	14.7	756.9	31.8
富山県	50.6	13.2	792.8	34.5
石川県	49.8	14.5	863.5	35.4
福井県	52.2	13.8	833.5	34.8
山梨県	48.9	21.3	779.9	33.99
長野県	50.4	19.5	734.9	33.1
岐阜県	51.2	15.6	651.6	33.6
静岡県	48.3	16.4	576.3	32.0
愛知県	47.2	11.2	527.6	30.97
三重県	50.1	15.2	617.7	33.6
滋賀県	49.1	13.0	639.5	30.96
京都府	44.2	12.8	876.3	35.8
大阪府	44.0	15.2	743.7	37.5
兵庫県	48.9	13.4	721.3	36.5
奈良県	56.0	13.9	805.4	35.9
和歌山県	50.9	20.3	935.4	38.7
鳥取県	50.7	15.3	861.3	36.0
島根県	51.3	15.2	890.9	38.5
岡山県	47.9	15.5	945.7	36.9
広島県	47.8	15.1	742.3	36.8
山口県	50.6	17.6	828.9	40.9
徳島県	52.1	19.4	863.5	41.4
香川県	50.7	18.0	914.0	38.9
愛媛県	52.4	18.1	894.0	38.6
高知県	51.5	18.9	1114.8	45.5
福岡県	47.9	12.7	852.0	38.7
佐賀県	53.9	14.3	769.7	40.7
長崎県	51.8	15.1	894.6	42.4
熊本県	52.0	13.8	949.4	39.9
大分県	50.5	16.7	1047.8	40.8
宮崎県	51.5	15.3	853.0	37.1
鹿児島県	50.8	18.9	964.0	42.1
沖縄県	49.3	10.2	645.1	32.4
全国	49.8	13.6	703.7	34.3
平均値	46.8			
出所	(1)	(11)	(14)	(15)

総住宅数に
対する比率

2017年	2017年	2016年	2016年	2013年	2013年
老人ホーム定員数 65歳以上人口千人当たり	有料老人ホーム在所者数 65歳以上人口千人当たり	生活時間配分		平均通勤時間	60分以上の割合
		通勤通学	趣味・娯楽		
人	人	時間・分		分	%
35.0	12.35	0.31	1.00	22.0	5.4
44.3	25.17	0.27	1.01	21.4	4.9
28.9	6.58	0.30	0.54	21.7	6.0
24.5	5.83	0.38	1.00	28.6	10.2
31.0	5.37	0.27	0.56	20.6	4.6
39.3	11.99	0.30	0.51	20.5	3.8
28.3	5.95	0.35	0.48	22.1	5.8
25.7	5.52	0.41	0.54	27.7	16.0
20.6	3.68	0.37	1.01	25.1	10.2
40.1	17.30	0.36	0.48	24.3	8.6
31.7	11.20	0.54	0.54	47.0	36.0
30.6	12.53	0.56	1.02	48.8	36.4
29.3	10.60	0.53	1.04	47.5	28.4
34.3	15.48	1.00	0.58	51.7	38.3
31.3	5.33	0.34	0.56	21.3	4.1
25.3	3.86	0.35	0.55	23.0	4.0
37.6	10.15	0.33	1.02	22.3	4.5
26.1	1.61	0.31	0.54	21.0	4.1
20.9	2.24	0.33	0.57	22.8	7.7
29.5	8.16	0.32	0.50	22.3	5.5
26.8	6.06	0.36	0.53	24.9	12.4
28.6	8.34	0.36	1.02	24.0	7.7
27.3	10.51	0.44	1.02	30.2	12.4
30.2	7.07	0.39	0.58	25.4	11.9
22.5	3.89	0.42	0.57	27.8	17.7
23.9	4.17	0.40	1.05	31.3	18.6
30.5	12.80	0.45	0.58	40.4	21.7
28.2	7.97	0.44	0.54	38.1	22.0
30.7	8.44	0.50	0.55	45.2	31.8
31.4	7.52	0.32	0.56	24.3	12.0
32.5	8.46	0.31	0.50	19.6	3.6
35.5	6.26	0.29	0.55	19.8	4.0
31.9	8.25	0.37	0.54	25.4	6.9
24.9	6.64	0.37	0.51	27.2	9.0
34.0	11.76	0.33	0.58	21.8	5.3
30.0	5.07	0.32	0.52	23.3	5.4
35.2	8.88	0.33	0.50	22.8	5.1
32.9	12.40	0.31	1.04	20.2	4.4
32.2	7.57	0.32	0.58	21.1	4.3
40.0	16.98	0.40	0.51	28.9	12.0
38.8	16.73	0.30	0.47	22.2	7.5
33.5	9.75	0.34	0.54	23.5	6.8
39.0	18.06	0.33	0.46	22.5	6.1
44.4	24.34	0.29	0.50	22.3	5.5
50.3	24.98	0.28	0.53	18.9	5.2
38.2	11.08	0.28	0.44	20.5	5.4
38.7	20.03	0.35	0.42	23.9	5.1
32.1	10.10	0.43	0.57	29.4	17.4
31.4	10.73				
(1)	(1)	(1)	(1)	(2)	(2)

都道府県名	2015年 昼夜間 人口比率	2017年 都市公園面積 （人口1人当たり）
	%	m²
北海道	99.95	26.13
青森県	99.9	15.82
岩手県	99.8	11.66
宮城県	100.3	17.24
秋田県	99.8	16.29
山形県	99.7	16.97
福島県	100.2	12.24
茨城県	97.5	9.40
栃木県	99.0	14.18
群馬県	99.8	13.20
埼玉県	88.9	6.90
千葉県	89.7	6.68
東京都	117.8	4.30
神奈川県	91.2	5.47
新潟県	99.9	13.32
富山県	99.8	15.38
石川県	100.2	13.34
福井県	100.0	15.26
山梨県	99.2	9.58
長野県	99.8	13.21
岐阜県	96.1	9.97
静岡県	99.8	8.46
愛知県	101.4	7.69
三重県	98.3	9.37
滋賀県	96.5	9.02
京都府	101.8	7.36
大阪府	104.4	5.37
兵庫県	95.7	12.63
奈良県	90.0	13.40
和歌山県	98.2	7.47
鳥取県	99.9	11.50
島根県	100.1	15.44
岡山県	100.0	14.71
広島県	100.2	10.46
山口県	99.6	13.97
徳島県	99.6	7.26
香川県	100.2	16.55
愛媛県	100.0	11.33
高知県	99.9	9.87
福岡県	100.1	9.00
佐賀県	100.2	10.26
長崎県	99.8	10.51
熊本県	99.5	8.10
大分県	99.9	10.48
宮崎県	99.9	17.37
鹿児島県	99.9	11.70
沖縄県	99.97	10.29
全国	100.0	11.62
平均値		9.85
出所	（1）	（1）

都道府県名	2018年	2018年	2018年	2018年	2018年	2018年	2018年
	実収入	非消費支出	直接税	社会保険料	可処分所得	消費支出	食料費
	万円	万円	万円	万円	万円	万円	万円
北海道	54.4	8.6	3.1	5.6	45.8	31.3	7.5
青森県	45.7	7.3	2.8	4.5	38.4	27.5	7.1
岩手県	57.99	10.8	4.1	6.7	47.2	33.8	7.9
宮城県	45.9	8.2	3.2	4.9	37.8	28.2	7.4
秋田県	59.3	11.0	4.8	6.2	48.3	32.1	7.4
山形県	60.9	10.5	3.95	6.6	50.4	33.4	7.3
福島県	62.7	11.8	4.9	6.9	50.8	32.3	7.4
茨城県	61.4	12.4	5.3	7.1	48.99	32.3	7.4
栃木県	58.4	11.4	4.9	6.5	46.9	34.9	7.7
群馬県	49.3	9.1	3.99	5.1	40.2	29.7	7.4
埼玉県	65.1	12.6	5.7	6.8	52.5	35.7	8.4
千葉県	62.3	11.6	5.5	6.1	50.6	35.96	8.9
東京都	65.5	13.6	6.7	6.8	51.9	36.1	8.9
神奈川県	56.4	11.0	5.3	5.7	45.4	31.3	8.0
新潟県	61.0	11.6	4.6	7.0	49.4	32.9	7.6
富山県	61.9	9.4	3.8	5.7	52.5	34.4	8.4
石川県	66.5	12.99	5.7	7.2	53.5	35.99	7.7
福井県	62.8	9.7	3.99	5.7	53.1	32.3	7.5
山梨県	53.8	10.1	4.3	5.8	43.6	29.6	7.4
長野県	48.8	8.5	3.2	5.2	40.4	29.8	7.4
岐阜県	60.1	11.7	4.9	6.8	48.4	35.6	7.7
静岡県	61.6	10.6	4.4	6.1	51.0	34.1	7.8
愛知県	56.5	10.6	4.4	6.2	45.9	31.1	7.7
三重県	55.2	9.8	4.1	5.7	45.4	30.7	7.8
滋賀県	56.6	11.2	4.6	6.7	45.4	30.98	8.3
京都府	53.0	7.9	3.4	4.5	45.1	33.6	7.8
大阪府	48.5	7.3	2.9	4.5	41.2	28.5	8.0
兵庫県	45.1	7.4	2.7	4.7	37.6	31.1	7.9
奈良県	60.8	12.3	5.7	6.6	48.6	33.5	7.96
和歌山県	48.1	8.7	3.7	4.99	39.4	24.9	6.4
鳥取県	54.2	9.5	3.6	5.9	44.7	28.1	7.3
島根県	60.6	11.2	4.6	6.6	49.4	33.6	7.6
岡山県	54.3	10.4	4.3	6.1	43.9	31.6	6.99
広島県	53.6	10.3	4.1	6.2	43.3	30.5	7.5
山口県	55.2	10.1	3.7	6.3	45.1	30.4	6.8
徳島県	57.8	12.2	5.6	6.6	45.6	33.3	7.1
香川県	59.1	11.1	4.6	6.5	47.99	35.3	7.1
愛媛県	46.5	6.8	2.6	4.1	39.7	29.1	6.9
高知県	55.4	10.6	3.99	6.6	44.7	31.9	7.6
福岡県	53.95	10.1	4.5	5.6	43.8	33.5	7.5
佐賀県	58.7	10.7	4.4	6.3	48.0	32.1	7.5
長崎県	54.5	11.2	5.3	5.8	43.3	30.1	7.4
熊本県	52.9	9.7	3.9	5.7	43.3	28.7	6.3
大分県	59.9	11.7	5.0	6.6	48.2	32.5	7.2
宮崎県	45.1	8.0	3.2	4.9	37.1	28.3	6.8
鹿児島県	49.2	7.7	2.9	4.8	41.5	29.7	6.5
沖縄県	40.3	4.8	1.8	3.0	35.5	25.1	6.4
全国 平均値		10.4	4.3	6.0	45.5	31.5	7.6
出所	（10）	（10）	（10）	（10）	（10）	（10）	（10）

都道府県名	2018年	2018年
	エンゲル係数	生計費（3人世帯）
	％	人
北海道	24.0	21.5
青森県	25.9	22.0
岩手県	23.4	31.4
宮城県	26.4	21.7
秋田県	23.1	20.3
山形県	21.9	26.1
福島県	22.8	22.0
茨城県	22.9	23.5
栃木県	22.2	23.3
群馬県	24.8	21.1
埼玉県	23.5	25.4
千葉県	24.9	27.2
東京都	24.5	33.7
神奈川県	25.6	27.5
新潟県	23.1	25.6
富山県	24.4	27.3
石川県	21.4	29.7
福井県	23.3	19.8
山梨県	24.9	22.6
長野県	24.8	21.1
岐阜県	21.8	27.2
静岡県	22.8	24.1
愛知県	24.7	24.7
三重県	25.3	20.7
滋賀県	26.7	26.1
京都府	23.2	21.6
大阪府	28.2	21.9
兵庫県	25.3	36.2
奈良県	23.8	29.6
和歌山県	25.7	18.8
鳥取県	26.0	19.9
島根県	22.5	27.6
岡山県	22.1	22.7
広島県	24.6	24.6
山口県	22.5	23.5
徳島県	21.4	22.7
香川県	20.2	34.9
愛媛県	23.9	26.0
高知県	23.9	24.8
福岡県	22.5	24.7
佐賀県	23.4	22.8
長崎県	24.7	23.0
熊本県	22.0	20.1
大分県	22.1	27.3
宮崎県	24.0	23.0
鹿児島県	21.8	23.7
沖縄県	25.4	18.4
全国	24.1	24.6
平均値		
出所	（1）	（8）

実収入から生計費までは，都道府県庁所在都市の値。

都道府県名	2018年 住宅土地のための負債額	2017年 土地家屋借金返済	2018年 住宅地平均地価	2018年 家賃・間代（1か月当たり）	民営賃貸住宅の家賃	2017年 住居費割合	2018年 乗用車保有台数（100世帯当たり）
	万円	万円／月	万円／m²	円	円	％	台
北海道	549	3.2	19.0	41,715	3,689	8.4	101.5
青森県	600	2.5	16.3	38,264	3,680	5.7	124.1
岩手県	872	2.9	24.8	39,990	4,135	5.6	141.8
宮城県	1075	2.6	38.6	48,894	4,527	7.3	130.6
秋田県	1083	3.6	13.4	39,404	3,950	6.3	139.8
山形県	645	3.6	19.5	42,234	4,189	5.4	167.8
福島県	894	3.1	23.6	41,386	4,056	6.3	156.8
茨城県	955	3.7	32.6	45,231	3,960	5.6	159.6
栃木県	876	4.1	32.7	44,953	3,776	6.2	161.2
群馬県	797	2.3	30.2	42,601	3,666	5.0	163.3
埼玉県	1031	7.6	111.4	59,358	6,242	6.2	97.4
千葉県	798	4.1	73.5	57,421	4,978	2.6	97.8
東京都	1057	4.1	354.6	81,001	8,566	7.8	44.0
神奈川県	661	5.5	177.8	68,100	6,936	5.6	71.0
新潟県	792	2.7	25.9	45,038	4,289	7.0	155.5
富山県	453	3.5	30.6	42,992	3,991	5.2	169.0
石川県	630	4.0	43.0	44,888	4,125	5.4	149.5
福井県	692	3.5	30.3	42,374	3,583	4.3	174.1
山梨県	767	4.0	24.6	42,592	3,820	5.4	155.5
長野県	481	3.0	25.2	43,252	3,739	7.7	158.9
岐阜県	607	4.2	33.4	44,046	3,597	4.8	158.6
静岡県	684	2.9	65.5	50,038	4,673	7.6	140.7
愛知県	1300	4.3	101.5	52,492	4,948	7.0	127.4
三重県	746	4.2	29.1	43,656	3,666	4.6	146.4
滋賀県	729	3.3	46.4	47,947	4,009	4.7	139.1
京都府	761	2.8	107.0	54,605	5,261	5.6	83.0
大阪府	736	3.7	149.2	55,636	5,907	7.7	65.1
兵庫県	574	2.4	102.3	55,337	5,686	5.2	91.7
奈良県	933	3.3	52.7	48,492	4,133	4.3	110.6
和歌山県	191	3.4	35.4	40,984	3,506	5.6	124.0
鳥取県	763	2.6	19.5	40,275	4,152	7.4	146.9
島根県	699	3.0	21.2	39,797	4,151	6.6	141.4
岡山県	373	2.7	29.1	45,489	4,355	5.3	137.9
広島県	740	3.5	54.8	48,361	4,212	5.6	111.7
山口県	729	3.4	25.4	39,559	3,430	6.6	125.4
徳島県	601	3.4	29.8	41,719	3,951	4.8	137.2
香川県	622	1.7	32.8	44,020	4,040	5.8	134.7
愛媛県	540	3.4	36.1	40,819	3,478	6.0	114.6
高知県	594	3.0	30.8	40,255	3,810	6.4	113.8
福岡県	571	3.6	49.5	48,429	4,191	6.2	108.1
佐賀県	656	4.0	20.2	42,777	3,546	6.9	152.9
長崎県	606	2.1	24.1	40,781	5,575	6.6	111.4
熊本県	601	3.0	28.0	40,361	3,873	7.1	133.8
大分県	717	3.1	24.6	41,447	3,644	5.9	130.0
宮崎県	624	3.5	24.3	38,353	3,789	5.5	130.0
鹿児島県	468	3.6	27.2	37,863	4,360	6.3	119.2
沖縄県	244	1.4	52.9	45,560	4,088	8.8	132.6
全国	761	3.6	—		4,339	5.8	106.0
平均値				55,695	...		
出所	(2)	(1)	(2)	(1)	(1)	(1)	(6)

都道府県庁所在市の値　　　1か月3.3 m²当たり　二人以上の世帯

都道府県名	2017年 非正規の職員・ 従業者割合	2017年 うち 若年者	2019年 最低賃金 （時給）	2016年 県外就職 者比率	2019年3月 新規高卒者 県外就職率	2018年 高卒者 県外進学率	2018年5月 大学生数
	%	%	円	%	%	%	万人
北海道	40.6	35.1	861	4.0	8.3	33.1	8.9
青森県	35.3	29.7	790	9.8	45.5	60.7	1.6
岩手県	35.7	28.8	790	11.3	32.5	71.0	1.3
宮城県	36.5	31.3	824	11.6	20.5	41.6	5.7
秋田県	36.1	27.3	790	7.1	35.0	75.7	1.0
山形県	32.8	26.0	790	6.9	22.1	78.7	1.3
福島県	35.0	26.5	798	9.7	17.6	79.6	1.5
茨城県	38.5	31.9	849	17.2	14.0	79.7	3.9
栃木県	38.9	32.2	853	16.0	20.5	76.0	2.2
群馬県	39.6	34.1	835	15.0	10.8	69.4	3.4
埼玉県	40.1	35.7	926	33.4	31.5	69.0	11.9
千葉県	39.7	34.6	923	33.1	19.7	66.6	11.3
東京都	35.1	31.2	1013	14.6	9.8	34.3	75.7
神奈川県	39.7	35.7	1011	30.0	21.9	59.9	19.4
新潟県	34.9	30.2	830	5.1	14.9	63.7	3.1
富山県	33.1	22.2	848	6.9	4.7	82.1	1.2
石川県	35.3	28.8	832	9.0	8.8	53.1	3.1
福井県	34.6	26.0	829	6.7	8.4	67.6	1.1
山梨県	40.8	33.3	837	11.4	11.1	73.4	1.7
長野県	37.6	30.6	848	6.5	9.9	82.9	1.8
岐阜県	38.6	30.6	851	14.0	25.3	79.9	2.2
静岡県	38.9	28.5	885	8.7	8.4	70.6	3.6
愛知県	37.5	31.0	926	9.3	3.8	28.8	19.3
三重県	39.2	30.9	873	12.5	14.7	78.2	1.5
滋賀県	40.6	33.7	866	16.6	8.6	79.3	3.4
京都府	42.5	41.6	909	18.8	20.0	49.0	16.3
大阪府	40.3	36.6	964	12.6	8.4	43.0	24.3
兵庫県	39.5	33.8	899	18.1	15.3	53.7	12.6
奈良県	41.1	37.9	837	27.9	42.0	84.4	2.3
和歌山県	39.3	31.6	830	14.0	22.1	87.8	0.9
鳥取県	35.5	29.2	790	10.2	22.5	85.8	0.8
島根県	36.0	28.4	790	11.9	25.5	82.1	0.8
岡山県	35.2	29.4	833	9.7	18.0	56.1	4.3
広島県	37.3	32.7	871	8.1	12.7	47.1	6.2
山口県	37.5	29.2	829	11.2	18.5	73.9	2.0
徳島県	32.6	29.4	793	9.6	25.0	62.8	1.4
香川県	34.5	26.1	818	8.5	12.7	82.5	0.99
愛媛県	36.0	29.5	790	7.9	23.6	66.7	1.7
高知県	35.3	34.0	790	6.3	33.1	78.7	0.97
福岡県	40.0	36.8	841	11.1	22.6	35.1	12.2
佐賀県	35.9	27.5	790	20.5	43.0	83.2	0.9
長崎県	37.6	29.4	790	11.2	38.9	66.0	1.9
熊本県	36.6	32.2	790	10.9	40.3	53.5	2.8
大分県	35.8	27.6	790	10.6	26.0	74.8	1.6
宮崎県	38.0	31.7	790	9.0	41.7	74.0	1.1
鹿児島県	40.3	30.4	790	7.4	45.3	68.5	1.7
沖縄県	43.1	44.4	790	11.6	30.1	47.3	1.97
全国	38.2	32.9	901	13.2	19.5		290.9
平均値							
出所	(9)	(9)	(1)	(1)	(1)	(1)	(2)

2016年 人口1人当たり 住民税	2016年 人口1人当たり 小売業販売額	2019年 上場企業 本社数	2017年度 財政力指数	2017年度 実質収支 比率	2017年度 将来負債 比率	2017年度 経常収支 比率
万円	万円	社		%	%	%
9.25	116.8	48	0.45	0.4	322.2	98.3
7.64	106.9	4	0.35	0.6	127.3	96.3
8.46	106.2	4	0.36	6.1	224.2	97.6
10.60	119.3	20	0.63	3.2	171.7	97.2
7.48	107.9	4	0.32	1.5	254.7	92.3
8.37	102.7	6	0.36	1.4	236.6	95.0
9.53	108	11	0.55	1.5	136.5	96.6
10.75	102.9	12	0.64	1.1	213.3	93.5
10.96	110.3	17	0.65	1.5	98.4	95.7
11.15	107.3	22	0.65	0.9	159.4	96.6
11.74	93.8	74	0.77	0.4	191.0	96.8
12.21	95.9	49	0.78	1.5	151.3	96.3
23.36	142.3	1964	1.16	8.4	12.5	82.2
14.18	97.2	177	0.90	0.5	126.2	98.2
9.09	109	36	0.46	1.0	315.0	96.4
10.75	106.5	23	0.48	0.5	254.9	96.2
10.90	111.6	26	0.50	0.3	214.9	94.2
10.57	102.7	14	0.41	1.5	169.2	96.1
10.31	105.5	9	0.41	1.8	203.6	96.5
9.91	103.8	34	0.51	1.0	172.4	95.1
10.32	101	29	0.54	1.2	199.1	94.0
11.52	103.7	50	0.73	0.9	238.4	94.5
14.33	112.8	218	0.93	1.5	193.0	99.1
10.75	103.4	19	0.59	0.4	189.4	98.0
10.84	96.2	10	0.56	0.3	200.2	95.5
10.84	109.2	64	0.59	0.2	283.1	94.6
12.23	109.8	426	0.78	0.5	183.1	100.5
11.59	97.2	108	0.64	0.1	335.0	95.4
10.04	85.8	4	0.43	0.6	157.6	94.6
8.71	94.5	9	0.33	2.0	196.0	92.1
8.18	105.7	4	0.27	1.4	119.3	92.7
8.53	96.3	3	0.26	3.0	178.8	91.0
9.94	104.3	20	0.53	0.4	203.1	96.3
11.22	112.5	45	0.61	0.3	228.5	96.3
9.74	99.7	13	0.45	1.3	206.4	94.1
9.24	94.1	5	0.33	3.4	181.8	93.1
10.57	112.2	15	0.49	2.0	197.0	96.7
8.95	103.9	10	0.43	0.6	149.7	90.4
8.35	97.8	6	0.27	0.8	171.0	97.3
10.18	109.4	81	0.64	0.8	257.8	96.8
8.34	96.2	4	0.35	1.8	112.2	93.3
8.05	100.3	1	0.34	0.2	193.9	97.8
8.03	92.4	6	0.41	4.7	185.0	93.1
8.46	100.6	8	0.38	1.0	162.0	93.9
7.67	98.9	5	0.34	2.0	113.6	92.7
7.71	95.2	9	0.34	0.7	219.9	97.6
7.31	88.1	5	0.35	1.0	47.5	96.5
12.18	107.8	3731				95.2
10.17						95.2
(2)	(2)	(2)	(2)	(2)	(2)	(1)

都道府県名	事業所数 総数 箇所	事業所数比率		
		大規模企業	中規模企業	小規模企業
		%		
北海道	151,402	0.2	15.3	84.5
青森県	41,915	0.1	13.6	86.3
岩手県	38,737	0.2	14.4	85.4
宮城県	61,819	0.2	15.8	84.0
秋田県	35,130	0.1	13.0	86.9
山形県	40,938	0.2	12.4	87.4
福島県	61,636	0.1	13.6	86.3
茨城県	84,361	0.1	13.0	86.9
栃木県	63,615	0.2	12.7	87.1
群馬県	68,889	0.2	12.8	87.0
埼玉県	172,435	0.1	13.3	86.6
千葉県	129,126	0.2	14.7	85.1
東京都	452,197	1.1	18.7	80.2
神奈川県	200,530	0.3	15.5	84.2
新潟県	80,645	0.2	13.0	86.8
富山県	36,776	0.3	14.4	85.3
石川県	42,895	0.2	13.4	86.4
福井県	30,669	0.2	13.1	86.7
山梨県	32,523	0.1	11.5	88.4
長野県	77,456	0.2	11.8	88.0
岐阜県	74,542	0.1	13.3	86.6
静岡県	127,643	0.2	13.2	86.6
愛知県	221,411	0.3	16.9	82.8
三重県	54,911	0.2	14.1	85.7
滋賀県	36,580	0.2	15.0	84.8
京都府	84,896	0.2	14.1	85.7
大阪府	294,099	0.4	15.9	83.7
兵庫県	154,949	0.2	14.9	84.9
奈良県	33,323	0.1	14.0	85.9
和歌山県	36,296	0.1	11.9	88.0
鳥取県	17,143	0.2	14.5	85.3
島根県	23,563	0.1	13.3	86.6
岡山県	55,322	0.2	15.1	84.7
広島県	87,578	0.2	15.0	84.8
山口県	41,040	0.1	14.8	85.1
徳島県	26,936	0.1	11.8	88.1
香川県	32,805	0.2	13.7	86.1
愛媛県	45,975	0.2	13.1	86.7
高知県	26,399	0.1	11.9	88.0
福岡県	143,408	0.3	16.6	83.1
佐賀県	25,555	0.1	15.0	84.9
長崎県	43,794	0.1	13.8	86.1
熊本県	52,795	0.1	14.6	85.3
大分県	36,729	0.1	14.5	85.4
宮崎県	36,944	0.1	13.4	86.5
鹿児島県	52,777	0.1	12.8	87.1
沖縄県	49,231	0.2	14.4	85.4
全国	3,820,338	0.3	14.9	84.8
東京都を除く全国	3,368,141	0.2	14.4	85.4

出所）総務省統計局「平成26年度　経済センサス　基礎調査」から筆者
作成。

従業者数	従業者数比率		
総数	大規模企業	中規模企業	小規模企業
人	%		
1,492,924	15.8	55.2	29.0
348,755	8.9	57.7	33.4
345,890	11.7	56.5	31.8
626,209	15.5	55.3	29.2
275,497	7.8	56.6	35.6
331,936	10.0	55.2	34.8
558,699	13.9	53.3	32.8
732,451	12.2	52.6	35.2
544,288	13.5	51.8	34.7
638,084	18.5	50.1	31.4
1,737,233	19.2	50.8	30.0
1,309,540	21.9	49.2	28.9
13,386,506	57.9	32.6	9.5
2,374,597	25.5	49.9	24.6
751,119	16.3	52.2	31.5
377,635	17.6	53.3	29.1
388,093	12.1	55.6	32.3
265,243	10.7	54.2	35.1
241,646	9.5	51.2	39.3
644,280	13.9	51.8	34.3
674,557	14.2	52.9	32.9
1,217,688	16.8	52.6	30.6
3,177,466	29.1	50.0	20.9
483,688	11.6	54.6	33.8
349,318	14.9	54.8	30.3
897,207	24.0	48.8	27.2
4,267,215	33.0	46.7	20.3
1,512,660	16.3	54.5	29.2
258,712	5.7	56.4	37.9
256,749	8.3	52.1	39.6
141,087	4.8	60.2	35.0
187,887	7.7	55.9	36.4
577,970	16.8	54.7	28.5
1,004,755	22.1	52.5	25.4
385,948	16.4	53.0	30.6
197,661	11.5	49.7	38.8
323,103	17.2	53.3	29.5
401,987	13.1	53.0	33.9
194,557	10.9	51.8	37.3
1,651,965	21.7	53.2	25.1
213,609	9.5	56.3	34.2
338,165	7.5	56.3	36.2
439,181	8.8	56.5	34.7
324,756	14.5	53.3	32.2
275,240	7.0	55.9	37.1
423,556	12.0	51.8	36.2
388,150	12.9	54.4	32.7
47,935,462	30.4	46.5	23.1
34,548,956	19.8	51.8	28.4

出所）（204～215頁までの付表）

(1) 総務省「社会生活統計指標　2019」。
(2) 東洋経済『地域経済総覧』東洋経済新報社。
(3) 総務省「平成31年住民基本台帳人口・世帯数表」。
(4) 平成30年全国都道府県市区町村別面積調，国土交通省国土地理院。
(5) 矢野恒太記念会編『日本国勢図会』国勢社。
(6) 矢野恒太記念会編『データでみる県勢』国勢社。
(7) 厚生労働省大臣官房統計情報部「平成12年 都道府県別生命表の概況」。
(8) 産労総合研究所編『賃金・労働条件総覧』（賃金交渉編）2019年版，産労総合研究所　経営書院。
(9) 総務省『就労構造基本調査報告』平成29年版。
(10) 総務省統計局『住宅・土地統計調査』。
(11) 『朝日新聞』2019年4月27日（原資料は総務省統計局『住宅・土地統計調査』）。
(12) 総務省統計局『家計調査年報』。
(13) https://womanslabo.com/c-news-20190424-2/2
(14) 厚生労働省「令和元（2019）年　医療施設（動態）調査・病院報告の概況」統計表。
(15) 厚生労働省保険局調査課「平成30年度　医療費の地域差分析」。

索　引

〈著者紹介〉

明石芳彦（あかし・よしひこ）

1954年　生まれ。
　　　　神戸大学大学院経済学研究科博士後期課程・所定の年限在学。
　　　　博士（経済学）。
　　　　滋賀大学，大阪市立大学を経て
2016年　大阪商業大学教授，大阪市立大学名誉教授。
主　著　『進化するアメリカ産業と都市の盛衰』御茶の水書房，2019年。
　　　　『社会科学系論文の書き方』ミネルヴァ書房，2018年。
　　　　『漸進的改良型イノベーションの背景』有斐閣，2002年。
編　著　『ベンチャーが社会を変える』ミネルヴァ書房，2009年。
共編著　『アメリカのコミュニティ開発──都市再生ファイナンスの新局面』ミネ
　　　　ルヴァ書房，2012年。

MINERVA TEXT LIBRARY ⑦1
基本から学ぶ地域探究論

2021年6月20日　初版第1刷発行　　　　　〈検印省略〉

定価はカバーに
表示しています

著　　者　明　石　芳　彦
発 行 者　杉　田　啓　三
印 刷 者　田　中　雅　博

発行所　株式会社　ミネルヴァ書房
607-8494　京都市山科区日ノ岡堤谷町1
電話代表 075-581-5191
振替口座 01020-0-8076

©明石芳彦，2021　　　　　創栄図書印刷・藤沢製本

ISBN978-4-623-09106-5
Printed in Japan

社会科学系論文の書き方

―――明石芳彦 著　四六判　210頁　本体2200円

●論文を書くとはどういうことでしょうか？　本書は，社会科学系領域の学生向けの論文執筆入門書です。研究の進め方，論文の書き方や注意すべき点などについて進行段階別に解説しています。学部学生，修士課程の大学院生とともに活用できる内容となっています。さあ，本書を片手に，論文執筆を始めましょう‼

大学1年生の君が，はじめてレポートを書くまで。

―――川崎昌平 著　A5判　168頁　本体1400円

●大学受験もやっと終わり，晴れて新入生となったキミ。さて，これからどう勉強していけばいいのかな？　大学では高校と違って自分が好きなことについて自由に考え，書いて，伝えることができるというけれど……でも，それってどうやるの？　そんなキミにおくる，大学1年生の「マナブー」と「カコ」が自分でテーマを決め，資料を調べて，はじめてレポートを書くまでの成長物語。

猫と東大。――猫を愛し，猫に学ぶ

―――東京大学広報室 編　A5判　168頁　本体2200円

●猫も杓子も東大も。　大学は大学らしく猫の世界を掘り下げます。
世はまぎれもない猫ブーム。一方で，ハチ公との結びつきが深い東大ですが，学内を見回してみると，実は猫との縁もたくさんあります。そこで，猫に関する研究・教育，猫を愛する構成員，猫にまつわる学内の美術品まで取り揃えて紹介します。

――――ミネルヴァ書房――――

https://www.minervashobo.co.jp/